魏源诗文中的『夷』与中国近代『他者』转型

姚武

朱耀龙 著

长江出版传媒 长江文艺出版社

图书在版编目（ＣＩＰ）数据

魏源诗文中的"夷"与中国近代"他者"转型 / 姚
武，朱耀龙著. -- 武汉：长江文艺出版社，2020.10（2025.5 重印）
　ISBN 978-7-5702-1766-3

　Ⅰ. ①魏… Ⅱ. ①姚… ②朱… Ⅲ. ①魏源（1794-
1857）－诗歌研究 Ⅳ. ①I207.2

中国版本图书馆 CIP 数据核字(2020)第 173839 号

责任编辑：李婉莹　　　　　　　　责任校对：程华清
封面设计：周佳　　　　　　　　　责任印制：邱　莉　韩　燕

出版：长江出版传媒　长江文艺出版社
地址：武汉市雄楚大街 268 号　　　邮编：430070
发行：长江文艺出版社
http://www.cjlap.com
印刷：三河市嵩川印刷有限公司

开本：880 毫米×1230 毫米　　　1/32　印张：6.5
版次：2020 年 10 月第 1 版　　　2025 年 5 月第 2 次印刷
字数：171 千字

定价：52.00 元

　　本书系教育部社科规划课题"魏源诗文中'夷'的套话与中国近代'他者'形象转型研究（17YJA751032）"结题成果。

目 录 | CONTENTS |

引 言 / 001

　　论题的提出 / 001

　　国内外研究现状 / 002

　　理论价值与应用价值 / 004

第一章　中国文学古典性"他者"形象回望 / 007

　　第一节　中国文学古典性"他者"形象探源："华夷之辨"
　　　　　　的传统观念 / 008

　　第二节　中国文学古典性"他者"形象的发展 / 019

　　第三节　中国文学古典性"他者"形象的实质 / 032

第二章　中国文学近代性"他者"形象出场 / 042

　　第一节　中国文学近代性"他者"形象产生的背景："华夷
　　　　　　秩序"的崩溃 / 042

　　第二节　中国文学近代性"他者"形象的表现及特征 / 054

　　第三节　中国文学近代性"他者"形象的出场与先进知识分
　　　　　　子的文化探索 / 066

第三章　魏源《海国图志》与中国近代"他者"形象的转型 / 078

　　第一节　《海国图志》作为形象学文本的建构与价值 / 079

　　第二节　《海国图志》中的"他者"形象 / 090

　　第三节　《海国图志》中"夷"的套话的近代裂变 / 103

第四章　魏源诗文与中国近代"他者"形象的转型 / 113

　　第一节　魏源异域题材诗歌中的"他者"形象及其近代化特征 / 114

　　第二节　魏源的战争题材诗歌及其所呈现的"自我"与"他者"形象 / 132

　　第三节　魏源诗文中"夷"的套话与魏源的文化选择 / 140

第五章　魏源诗文的异域品格及其时代价值 / 154

　　第一节　魏源诗文的异域品格与近代湘学发展 / 155

　　第二节　魏源诗文的异域品格与近代爱国主义主题的拓展 / 168

　　第三节　魏源诗文的异域品格及其文化价值 / 183

结　　语 / 191

参考文献 / 193

后　　记 / 199

引　言

论题的提出

根据陆草《近代诗文研究的百年回顾》，近代诗文研究是一门比较年轻的学科，带有启蒙和开创的色彩，偏重个案研究，综合研究成果较少。研究对象大多局限于一般的文学现象，深刻性和系统性较缺乏；研究成果多为对作家作品的一般性描述，缺乏概括性和理论性；研究方法大多未脱离机械反映论的窠臼，缺乏综合性和思辨性。① 随着近代诗文研究的深入，该学科正在从一般现象研究向综合研究过渡，标志着近代诗文研究正在具备现代学术的文化品格。根据《近代诗文研究的百年回顾》，魏源诗文专题研究多从经世思想、黄老影响入手；注重对魏源山水诗的研究，且注重个案研究，综合研究欠缺，而关于魏源诗文中的异域形象研究更具有发掘的空间。作为社会转型时期不断进行文化探索的人文作家，魏源一方面以经世致用的态度，在诗文中歌颂大清的大好河山，捍卫"自我"文化；另一方面又以高度的文化自省意识，了解"他者"以反观"自我"，在诗文中介绍西方先进的科学技术和政治制度，提出"师夷长技"以实现"富国强兵"的目的。身处"千古未有之奇变"的转折时期，魏源长期处于江浙幕府及中外交往的前沿阵地，加上他博览群书，他的诗文具有

---

① 陆草. 近代诗文研究的百年回顾 [J]. 中州学刊, 1999 (11).

鲜明的时代气息和独特的文化品格。因而，从比较文学形象学视角探析作为文化转型时期经典文本的魏源诗文的异域品格，研究中国近代文学形象转型，符合近代诗文研究的发展趋势。

国内外研究现状

魏源（1794—1857）作为清末及近代著名的启蒙思想家、政治家及文学家，著述丰富，有文学、史学、经学、佛学多个种类的著作存世。根据目前魏源研究的状况，研究魏源思想的成果颇丰，而研究魏源文学的成果较少。而魏源作为中国近代文学的先驱，与龚自珍齐名，号称"龚魏"，其文学功绩和影响值得重视。2004年12月，岳麓书社出版了《魏源全集》，是迄今为止较为完整的魏源著作集。魏源的诗文主要收录在《魏源全集》第十二册中，包括《古微堂内外集》《古微堂诗集》《补录》等，体裁包括诗、词、散文、序言、表章、书信、传记、奏议文章等。目前，关于该课题的国内外研究现状和趋势主要表现如下：

首先，有关魏源诗文"夷"的套话的研究，仍有较大的发掘空间。魏源的诗文体裁和题材多样，内容非常丰富。国内外关于魏源诗文的研究，主要是从题材、主题和文艺观及诗文语言等方面来进行。"套话"是形象研究中最基本、最有效的部分。魏源诗文中的形象大部分都属于"自我"形象，比如"山水""河川""古迹""师友"等。比如王庆生《论魏源的山水诗》、林彬晖《重观魏源与山水诗歌》等，认为魏源通过对"自我"形象（中国山水）的描绘，表现了他的"乐山爱水"的生命意识和家国情怀。"夷"的套话涵盖了魏源诗文中众多的"他者"形象，比如"西洋""洋艘""洋琴""夷女""米利坚""英吉利""瑞士"等。虽然，对魏源《海国图志·序言》一文中"师夷长技以制夷"中的"夷"进行解读和分析的文章不少，比如孙功达《试论魏源"师夷长技以制夷"的总体构想》、严亚明《"师夷长技"

与魏源的民族意识》等，大都是从魏源思想研究的视角揭示魏源的世界眼光及改良思想的影响和价值。因而，从比较文学形象学视角论析"夷"的套话，发掘魏源诗文中的"他者"形象内涵，并结合发生重大变革的时代语境中"自我"与"他者"形象的演变进行分析和探索，不失为一个有趣且有味的课题，仍具有较广阔的研究空间。

其次，有关中国近代文学中的"他者"形象转型研究，魏源诗文作为转折时期的经典蓝本，仍然具有重要的研究价值。形象学研究的重心是文学作品中的"异族或异国"形象问题，而"他者"往往被用来概括文学中异族或异国的形象。从形象学视角来考察中国近现代文学中"他者"的研究并不多，杨晓林的硕士论文《从"夷"到"他者"——中国文学中"异"的形象学分析》以及李晓宁的《20世纪中国文学中的"他者"——西方的文学话语》论述了中国近代"他者"形象的转型以及20世纪中国文学中的西方文学话语霸权。此外还有一些有关中国文学中的"他者"形象的个案研究，比如张志彪的博士论文《中国文学中的日本形象研究》通过系统分析中日文化交流史来论述中国文学中日本形象的演变，贺昌盛《被塑造的"他者"——近代中国的美国形象》论述了美国在中国近代从"恭顺"的"夷族"到"花旗大国"的变化。通过分析，总体来说，以鸦片战争为界，中国文学古典性"他者"形象的存在是以"华夏中心""华夷秩序"作为基础的，主要指的是周边蛮族，是以"小他者"的形象出现的；鸦片战争以后，"华夏中心"观念动摇，"华夷秩序"瓦解，中国文学近代性"他者"形象主要指向西方列强，是以"大他者"的形象出现在中国近代文学中的。从文学形象来考察文化转型和发展，是文学研究和批评的经典方法。魏源作为古近之交进行思想启蒙探索的人文作家，一方面站在封建道统的立场，在他的诗文中歌颂大好河山，描绘了一系列美好的"自我"形象，表达文化自信；另一方面对鸦片战争带来的社会危机，又主张学习了解"他者"文化，对"自我"文化进行反省。魏源长期居于江浙幕府及中外交往的前沿阵地，他生活和行走于中国的东南沿海和大江名川之间，耳闻目睹甚广，又受到林则徐等人的影响，他的诗文具有鲜明的时代气息。因而，作为重要转折时期的魏源诗文，是研究近代前后文化转型的经典蓝本，虽然前人已经有所论及，但是从比较文学形象学视角来对这一问题进行研究，仍然具有重要的学术价值。

根据魏源诗文的研究现状可以看出，在魏源诗文题材、主题、文艺观、语言等方面已经有了比较深入的研究。从比较文学形象学的视角来发掘和探讨魏源诗文的"他者"意识，迄今还没有人做专门的系统论析。形象学研究不仅具有文艺学内涵，还具有文化学、社会学内涵。根据形象学理论，"形象"作为作家的精神产品，一方面可以说是社会精神生活层面的具体反映，另一方面，形象也可以成为"社会文化总体面貌"的整体概括。因此，从形象学视角来挖掘魏源诗文独特的文化品格，突破了现有研究的局限，结合中国近代"他者"形象的转型，研究魏源诗文中的"他者"意识，具有深刻的社会学、文化学内涵，也更能够挖掘魏源等近代人文知识分子在艰难而卓越的文化探索中彰显的思想价值和产生的深远影响。

理论价值与应用价值

魏源作为近代"启蒙思想家"，已经被人们所熟知且研究也较充分，而"启蒙思想家"的光辉在一定程度上掩盖了魏源的文学功绩。魏源作为中国近代文学的先驱，与龚自珍齐名并称"龚魏"，魏源文学研究仍然具有较大的研究空间和重要的研究价值。基于鸦片战争前后中国与西方"中心"与"边缘"地位及关系的变化，从比较文学形象学的视角，通过魏源诗文中"夷"的套话来考察中国近代前后"他者"形象的转型，不仅具有重要的理论价值，还具有深远的现实意义。

首先，具有重要的理论价值。有关魏源的文学研究一直被思想研究所遮盖显得弱化，而且，从比较文学形象学的视角来研究魏源的文学思想和文学作品仍然具有较大空间。从形象学视角研究魏源的诗文，不仅能考察新旧交替时期中国人文知识分子面对"他者"时的态度，也能从文化学的范畴来考察近代文化转型时期"自我"与"他者"关系的变化。而作为处在时代变化节点的关键人物魏源，"十九世纪上半叶几乎所有的社会思潮都集中于他一身""其为学淹博贯通，无所不窥"（这是郭嵩焘对魏源的评价）。魏源诗文中"夷"的套话所体现的"他者"意识，标志着中国近代文学创新观念的彰显和中国人近代意识的觉醒。因而，从形象学视角来研究魏源诗文中的"他者"意识，不仅开拓了学术视野，而且改变了认识观念，不论在中国文学史、思想史还是学术史上都具有重要的理论价值。

其次，具有深远的现实意义。一方面，从文学观念的发展变化来看，魏源诗文中"夷"的套话，提供了一种新的文学观念和价值标准。魏源诗文中"师夷"和"制夷"的观念，既凸显世界眼光，又饱含爱国热情；在传承忧患意识与爱国主义的中国文学精神的同时，又以宽广的胸怀和改良的理念促进中国文学中"他者"形象的转型与变迁。另一方面，从文化观念的发展与变化来看，魏源"师夷"的观念，使得魏源成为"睁眼看世界"的湖湘第一人。魏源艰苦而卓越的文化探索，拉开了近代湘人奋斗这一伟大篇章的精彩序幕。"一本湘人奋斗篇，半部中国近代史"，魏源既是传统湘学的优秀继承者，又是近代湘学转型和发展的先驱，在辉煌的近代湘学中具有引领作用，激励湖湘儿女在中国近代化突围与现代化建设中不断探索与奋斗。

总之，魏源在他的诗文中，立足于经世致用原则，以"夷"的套话展现"他者"形象，主张"变古"到"师夷"，进行着艰苦而卓越的文学与文化探索。正如梁启超所说："其论实支配百年来之人心，直至今日，犹未脱离净尽。①" 时至今日，魏源诗文中"夷"的套话所提供的改革与开放的文学与文化观念早已积淀为中华民族精神的一部分，成为涵养社会主义核心价值观的文化基因，成为激励无数中华儿女在"中国梦"民族复兴道路上改革创新、开拓进取的力量之源。②

① 梁启超. 中国近三百年学术史 [M]. 上海：三联书店，2006：156.
② 姚武. 魏源与湘学演进：中国近代化的开启与突围 [J]. 湖南科技大学学报（社会科学版），2016（3）.

第一章　中国文学古典性"他者"形象回望

从记载远古神话"怪异"形象的《山海经》起，到近代魏源《海国图志》中的"他者"形象，中国文学中的"异域"形象经历了古代形成和发展以及近代转型等阶段。中国文学中的古典性"他者"形象是指鸦片战争以前中国文学中"夷"的群像，可以概括为"夷"的套话。"套话"是对比较文学形象学中大量存在的异国异族等"他者"形象的概括。中国古典文学中"夷"的套话主要是对鸦片战争以前众多"异族"形象的习惯性称谓。"异族"是"异域"形象的重要组成部分，也可以看作比较文学形象学研究中的"他者"形象，"他者"是一个与"自我"既有区别又有联系的参照，通过选择和确立"他者"在一定程度上可以更好地确定和认识"自我"，一个主体若没有"他者"的对比对照将完全不能认识和确定"自我"。①"自我"和"他者"是相对的，它会随着参照物的不同而改变。鸦片战争以前的中国文学古典性"他者"形象，即历代文学中"夷"的群像，主要包括"东夷西戎南蛮北狄"，从总体上说，其文化实力都弱于华夏，被华夏文化所同化，其实质是对象化的"自我"形象。回顾中国文学古典性"他者"形象并论述其实质，是对魏源诗文中"夷"的套话与中国近代"他者"形象转型研究的时代背景的深刻揭示。

---

① 房芳. 平民世界的人性书写 [D]. 山东大学，2011.

第一节　中国文学古典性"他者"形象探源："华夷之辨"的传统观念

　　根据比较文学形象学理论，具有符号功能的形象都不是多义的，且往往趋向于单义。对特定历史时期或特定文化中的"他者"形象，我们不能任意地阐释和发挥，要从他者与特定文化主体的对照对比关系中去加以探究及确定。① 而且，"他者"形象很大程度上受到自我主体文化的影响。因而，从形象学视角探析中国文学古典性"他者"形象，当然就非常有必要了解华夏文化演变为主体文化的历史文化语境：中国古代传统的"华夷之辨"观念。

　　要了解"华夷之辨"，先要了解"华"和"夷"。华，与"夏"字同义，华即是夏。古代西周的奠基者自称为华夏族，以区别于四方部落（四夷）。在周朝时，凡遵周礼、守礼仪之诸侯，称为诸夏。在地理上，古籍中通常将"华""夏"作为中原，"夷"与"裔"作为四方，因而华夏又称中华、中国等。传统文化中的"中国"，是作为"华"或者"夏"的等义词出现的，其含义为"中心之国、中央之国"，意味着"天下"之"中央"。作为文化共同体，传统"中国"通常被看作是"世界文化中心"的总体形象象征，往往以大一统的格局"秦""汉""唐"等作为其强势文化的表征。相对华夏族强势文化的"中国"而言，四周异族文化相对比较落后，这些弱势文化群体被称为"蛮"或"夷"。蛮，原本是指一种小鸟，《诗经·大雅》中有"锦蛮黄鸟"之语，《山海经》中有种鸟叫"蛮蛮"。"蛮"在秦汉至魏晋南北朝为南方少数民族的泛称，指南方丛林里的各原始部族，后

---

　　① 杨晓林. 从"夷"到"他者"——中国文学中"异"的形象学分析［D］. 广西师范大学，2002.

来以鸟兽之名来象征未开化的或者野蛮的部族的生存状态，是对四方少数民族的习惯性统称。在许慎《说文解字》中，"夷"的意思是"持弓的东方人"，这也说明古代东方民族为狩猎民族，较早地使用弓箭来维持生活。殷商时期分布在现在山东省、江苏省一带。根据古代文献记载，夷的内涵其实已经超越了"东方之人"的范畴。《竹书纪年》中谈到了北方的畎夷，相传帝葵（指夏桀）即位的时候，"畎夷入歧"。西方有昆夷，《诗经·采薇》的序言中谈到，在周文王在位的时候，西面就有昆夷来骚扰。南方也有夷族，在《春秋公羊传注疏》中有记载："南夷与北狄交，中国不绝若线。"由此可见，"夷"可以看作是中国古代四方各民族的统称。因而，"蛮夷"可以看作是我国古代对东部和南方等各民族的蔑称，也用来指四周的弱势文化族群。在中国文学或典籍中，由于"夷"比"蛮"使用更频繁，且指代范围更广泛，通常由"夷"和"华"或"夏"组成一对相对应的范畴，他们之间的区别就是"华夷之辨"或"夷夏之辨"。

"华夷之辨"，又可以称作"夷夏之辨""夷夏之防"，主旨在于区别华夏族与周边的蛮夷族。"华"与"夷"之间的区分主要在于礼仪。古代华夏族群聚居在黄河中下游的中原地区，具有比较优越的地理环境，产生了比较先进的农业文明，逐渐发展为文明中心，形成了一整套的华夏礼仪，并以此作为标准来区分族群。合乎华夏礼仪者并且与诸夏相亲者为华夏、中国人，反之则为蛮夷、化外之民。传统的华夷之辨，是中国传统文化主体意识的集中体现，宣扬的"华夏中心论"和"天朝上国"观念，影响了中国两千多年。华夷之辨缘起于西周时期，定型于春秋战国时代，深化于秦汉时期，强化于魏晋南北朝，并在隋唐时期转化，五代时期淡化，宋明两代恢复正统，在清朝晚期由于华夏文明的失落产生深刻嬗变。①

---

① 姚武.魏源与"华夷之辨"的近代嬗变［J］.邵阳学院学报（社会科学版），2015（6）.

一、"华夷之辨"观念在西周到春秋战国时期形成

在上古华夏族群的形成时期，就开始形成传统的"华夷之辨"观念。"华夷之辨"主要用来区分华夏族群同其他族群。华夏族主要居住在黄河流域，特别是黄河中下游地区，其他族群居于其四周，华夏族由于所处的黄河流域生存条件相对较优越，文明程度较高，基于自身的优越感对周边异族产生偏见。华夏族习惯上将自己繁衍生息的地方看作是世界的中心，形成了诸如"宅兹中国""惠此中国，以绥四方""裔不谋华，夷不乱夏"的"华""夷"区分观念。① 上承华夏族群之优越感，周王朝居中原，中原文化优于四周，遂对四周部族抱鄙夷之态度；春秋战国时期诸侯争霸，民族迁徙并交融，百家争鸣，思想活跃，以"遵周礼与否"为华夷之衡量标准，"华""夷"之区别明显。《礼记·王制》反映了华夷在方位、名称、服饰、居住等方面的差异："中国，戎夷，五方之民，皆有性也，不可推移。东方曰夷，被发文身，有不火食者矣。南方曰蛮，雕题交趾，有不火食者矣。西方曰戎，被发衣皮，有不粒食者矣。北方曰狄，衣羽毛穴居，有不粒食者矣。中国，夷、戎、蛮、狄，皆有安居，和味，宜服，利用，备器"。②《左传·襄公十四年》中以戎族之口讲述了华夷货币及语言等的不同：诸侯会于向，戎子驹支说道，我诸戎部落在饮食、服饰、货币、语言等方面都与华夏族存在差异。《淮南子·坠行训》还具体介绍了"华""夷"之间形体的区别："东方，其人兑形小头，隆鼻大嘴，鸢肩企行，长大早知而不寿；南方，其人修行兑上，大口决眦，早壮而夭；西方，其人面末偻，修颈印行，勇敢不仁；北方，其人翕形短颈，大肩下尻，其人愚蠢，禽兽而寿；中央四达，其人大面短颈，美须恶肥，惠圣

① 杨晓林. 从"夷"到"他者"——中国文学中"异"的形象学分析 [D]. 广西师范大学，2002.
② 韩星."华夷之辨"及其近代转型 [J]. 东方论坛，2014（10）.

而好治。"① 由此可见，在春秋战国时期，"华""夷"之间就已经有了明显的区分。究其原因，是因为春秋时期，中国处于分裂状态，据《左传》记载，当时有120多个大小国家。战国时期，中原及其近边形成战国七雄，且不断开拓疆土，中原华夏文明受到周边异族特别是匈奴族的威胁，中原华夏诸国不得不以礼仪为纽带增强团结力以防御夷狄，遂有"华""夷"之严格区分。

二、"华夷之辨"观念在秦汉到清中叶经历曲折演变历程

从秦汉到清中叶，"华夷之辨"观念经历了较为复杂的曲折演变历程。作为政治体制，其发展线索大致为：华夷之辨观念在秦汉时期得以深化，在魏晋南北朝时期强化，在隋唐时期发生转化，五代时期淡化，宋明两代又恢复正统，并延续到清中叶；而作为文化机制，古代"华夷之辨"的内在一直以"华夏文化对夷狄文化同化"为主线。②

秦汉时期是中国统一多民族国家形成和发展时期。如果说秦朝实现了中国疆土的大一统，那么汉朝则实现了中国思想文化上的大一统。汉武帝推行董仲舒倡导的"罢黜百家，独尊儒术"的理念，儒学成为封建文化的正统思想，并进一步对"华夷之辨"观念产生深刻影响。在封建大一统的背景下，儒家提出了"夷狄亦可入华夏"这一概念。东汉何休认为，华夷可以通过是否推行礼治实现互换，推行礼治"夷狄也进至爵"，不行礼治，"中国也新夷狄"。③ 秦汉时期，在确立华夏文明主体性的前提之下，主张华夷相互依托以促进文化交流，强调以发达的华夏文明改造落后

---

① 韩星. "华夷之辨"及其近代转型 [J]. 东方论坛，2014（10）.
② 姚武. 魏源与"华夷之辨"的近代嬗变 [J]. 邵阳学院学报（社会科学版），2015（6）.
③ 谌旭彬，黄兴涛. 千年之华夷之辨 [OL]. 老三届乐思闲院校，http://www.xici.net/

的夷狄文化。经过儒学的改造和提升，"华夷之辨"观念越发稳固，成为中国古代处理国家、民族关系的基本指导原则，且在后世逐渐发展成为影响中国两千多年封建统治阶级的政治思想。秦汉之后，每当中国文化遭受危机之时，"华夷之辨"观念就被重新加以强调，并以此而展开各种论说发生演变。但是，"华夷之辨"无论发生何种演变，其核心主旨仍然表现为：防止华夏文明覆灭，进一步确定华夏文明的主体地位。

东汉末年分三国，秦汉大一统格局被打破。魏晋南北朝时期，北方少数民族大举入侵，民族关系较为复杂，华夏文明面临新的危机，"华夷之辨"因而随之强化。这时期"佛""道"之间夷夏之争成为华夷之辨的特殊表现形式，这也是传统夷夏观在儒释道三教上的反映，其矛盾性质主要表现为"文化矛盾"而非"民族矛盾"，华夷之辨观念又一次得以强化。《晋书·四夷列传》有记载，在晋武帝泰史年间，侍御史郭钦为防范匈奴，曾提出相关主张与策略："裔不乱华，渐徙平阳、弘农、魏郡、京兆、上党杂胡，峻四夷出入之防，明先王荒服之制，万事之长策也。"①《晋书·刘元海载记》中也认为，不是我华夏族的人，他们的观念肯定与我们不同。西晋江统在《徙戎论》中也有同样的看法，并且对关中地区"汉戎杂处"的局面表示担忧，认为族类不同，观念必定存在差异，戎狄的志向与态度与华夏族不同，并提出"各附本种，反其旧土"的应对策略，要求戎狄各自返回其原生地。当然，作为内迁的各异族，一方面出于对战争的反思；另一方面由于胡汉文化融合带来的心理影响，他们开始觉悟，对中原礼仪表现出强烈认同，在饮食、服饰、礼俗等方面主动汉化。虽然政治上处于分裂状态，但是文化上的融合力越发强大，魏晋南北朝"华夷之辨"强化的直接结果便是华夏对夷族文化的同化。

隋唐时期"华夷之辨"观念发生转化，唐代对夷狄文化表现出极大的宽容并转而学习且吸纳夷狄文化，唐代文化在统治者兼

① 韩星."华夷之辨"及其近代转型［J］.东方论坛，2014（10）.

收并蓄的文化策略中走向博大精深。由于魏晋南北朝时期异族南下汉化，增强了文化自信，再加上政治经济的发展鼎盛，"胡越一家"的文化交流盛景得以在隋唐出现，唐太宗对中华、夷狄"爱之如一"的文化态度成为佳话，这些都体现了隋唐时期民族融合的必然趋势。在《资治通鉴》卷一九七中，唐太宗认为："夷狄亦人耳，其情与中夏不殊。人主患德泽不加，不必猜忌异类。盖德泽洽，则四夷可使如一家。"在《资治通鉴》卷一九八中，唐太宗又认为："自古皆贵中华，贱夷狄，朕独爱之如一，故其种落皆依朕如父母。"唐代提拔和起用一大批胡人担任军事将领甚至高级将帅。在文化生活上，唐人学习胡舞胡乐和胡服胡食等。基于强烈的文化自信和博大精深的文化气魄，唐代文化突破"尊王攘夷"的政治与文化体制，转向"用夏变夷"，从而跨越了种族畛域。

到了五代十国时期，中国没有一个强势的政权，华夷观念随之淡化。由于上承唐代文化自信之余绪，华夏文化仍然具有非常强大的向心力。五代十国时期，虽然外族政治和军事势力崛起，但是文化仍较落后，外族政权或推行汉化被华夏文化所吸收，或拒绝汉化最终政权难以维持。在此期间，各个朝代各个国家推行不同程度的汉化。由此可见，五代时期华夷观念虽已淡化，华夏文化之强势仍然延续。

宋明两代，由于与外族的对抗，又恢复"华夷之辨"正统。宋金对峙之时，南宋人称金国为"夷狄"，南宋所在地则为"中国""中华""华夏"。宋室南渡，金朝也推行汉化政策，甚至有"金以儒亡"的说法。作为抗金将领的岳飞，他的奏章里"华夷之辨"观念非常明显，经常有把夷狄杀尽、不能相信夷狄、赶走四夷强我"中国"、廓清华夏等论述。即便是入主中原建立元朝的蒙古族，作为相对野蛮的游牧民族，其统治者也没有意识到必须要采取"采用汉法"及"以儒治国"等方略来治理中原。由于蒙古族严分种族且没有采纳华夏文化，最后被逐回漠北。元末明初，"华夷之辨"的古训得以恢复，朱元璋以"驱逐胡虏，恢复中华，立纲陈纪，救济斯民"作为讨元檄文。清初至清中叶，满族人入主中原，再次激发起"华夷之辨"的论争。清朝表面上强调满汉之分，强迫汉人剃发，主张满汉不能通婚，内里却全面接受汉化，生活在中原的满人已同化为汉人。

三、中国古代"华夷之辨"的思想文化特征

"华夷之辨"观念作为中国古代延续两千年的政治和思想文化体制，对中国古代政治、思想文化和文学生态产生了深远的影响。从先秦时代开始，华夷之辨观念就一直是华夏文化与周边异族文化交流时一种约定俗成的立场和姿态。虽然由于中国古代王朝的更迭，中原汉族与周边各民族纷争不断，华夷之辨观念也面临一系列的挑战，产生过短时期的动荡，但是无论是哪个王朝，即使是掌控中原大地的少数民族（如满族），他们在文化上都遵从华夷秩序。作为在中国古代影响深远的思想文化机制，"华夷之辨"观念，具有以下特征：

首先，以维护和发展华夏文化为中心。"华夷之辨"主要在于文化的区分，在地域上只是相对的概念，维护和发展华夏文化是中国古代"华夷之辨"的最基本的特征。华夏文化作为中国古代的主体文化，其优越性主要来源于地域优势以及几次大一统所形成的文化自信。西周到春秋战国时期由于地域条件的优越，华夏族的文明礼制与周边蛮夷的野蛮粗俗形成鲜明对比，华夷观念显而易见。几次大一统，特别是汉唐盛世，政通人和，华夏文化迅猛发展，形成空前的文化自信。汉唐文化自信表现在当时的文化具有强烈的吸引力、征服力和同化力。汉武帝"独尊儒术"的霸气和唐太宗"爱之如一"的气魄，影响深远。"秦砖汉瓦""汉服唐装""汉风唐韵"等文化意象深入人心，汉唐文化为周边民族所向往并效仿。即便是经历了"五胡乱华""宋室南渡"，汉唐文化的影响仍然深远。北魏孝文帝迁都洛阳，全面推行汉化；宋金对峙，金竟然以学儒而亡，实则被汉唐文化同化。蒙满入主中原，虽带来政治和民族的危机，在文化上却没有从根本上脱离

华夏文明，要么退居故土，要么推行汉化，在鸦片战争之前，华夏文化的中心地位并没有发生严重动摇。

其次，防备及兼收并蓄的文化态度。在华夷之辨的实践中，华夏文化对待夷狄文化，从"防备"到"兼收并蓄"是由"华""夷"关系来确定的。在这个过程中，儒家思想作为中国古代文化的主导思想，在处理华夷关系上具有核心引导作用。"华夷之辨"观念在中国古代文化的实践中主要有两种形式，要么"尊王攘夷"，要么"以夏变夷"，也就是防备和兼收并蓄的过程。在四方夷狄强大华夏文化受到威胁的情况之下，以防备为主；而更多的情况则是以兼收并蓄为主。从汉代确立儒家思想成为中国古代文化的正统思想开始，儒家在华夷之辨上就提倡"夷狄亦可进为华夏"的主张，不论是汉唐盛世还是外族主政中原，华夏文化都具有强大的凝聚力，不仅促进夷狄学习和效仿华夏文化，还增进了各民族的交流与融合。儒家文化具有兼收并蓄的特点，对待夷狄文化抱有宽容的态度。儒家文化对华夷文化的贡献在于寻求到了华夏中心主义和天下主义之间的中间道路，而这种中间道路始终没有脱离华夏文化的主体地位，并且不断壮大华夏文化以捍卫其主体地位。

第三，以华夏文化为主体的内部分野。域外的佛教在汉唐时期被儒家思想同化，基督教在明清时期遭到拒绝或被迫"化耶为儒"，两者对华夏文化影响甚微。撇除域外佛教、基督教等外来宗教影响，中国古代的"华夷之辨"更大程度上是一种内部分野。中国古代华夷之间的关系往往通过"接触→冲突→交流→适应→整合"五个阶段而不断演进，到近代，便统一到中华民族这个族群之中，"华"和"夷"都属于中华民族的范畴。从哲学上来说，差异与趋同并存，在"华夷观念"形成的同时，大一统思想也在逐渐形成。经过春秋战国时期的诸侯扩张与争斗，华夷之间的融合与交流加强，许多被称为夷狄的民族融于华夏族群。正因为有"华""夷"之"区分"，才让彼此有学习和交流的空间，为"华夷一体"创造条件。在秦汉大一统格局形成的过程中，在

015

华夏族的基础上组合成一个新的人数更多的民族共同体——汉族。随着后世朝代的更迭，华夷之辨发生演变，在近代统一到以汉族为主体的中华民族这个族群之中。在近代，随着世界视野的引入，中国半殖民地半封建社会形态的形成和加剧，"华夷之辨"有了崭新的内涵，"华"演变为"中华民族"，实则为中国古代"华夷一体"所形成的族群，而"夷"则演变为异国。因而，在近代，由于文化视野的拓展和近代世界格局的变化，"华夷之辨"具有了崭新的内涵，是一种内外分野；中国传统的"华夷之辨"观念实际上已经消亡。

四、"华夷之辨"观念与中国文学古典性"他者"形象的形成

根据许慎《说文解字》中的解释，"夷"是殷商时期分布在现在山东省、江苏省一带的东方狩猎民族，这个东方民族是较早使用弓箭的部族。根据古代文献记载，夷的内涵随着时代的发展已经超越了"东方之人"的范畴。《竹书纪年》中谈到了北方的畎夷，《诗经·大雅·采薇》序中叙述了西方有昆夷，《春秋公羊传注疏》提到南方也有夷，"夷"在中国古代是华夏族对周边各民族的习惯性称谓。站在华夏文化中心主义立场，"蛮夷"可以看作是我国古代对东部和南方等各民族的蔑称，也用来指四周的弱势文化族群。在中国古代文学或典籍中，由于"夷"比"蛮"使用更频繁，且指代范围更广泛，通常由"夷"和"华"或"夏"组成一对相对应的范畴，他们之间的区别就是"华夷之辨"或"夷夏之辨"。相传夏与东夷之间多次发生战争，有穷（在今山东德州）后羿曾经夺取夏太康王位，以他为首的部族就是东夷的一支。商朝汤的先祖也活动在中国东部渤海湾一带，也属东夷民族。商王朝和东夷争斗不断，有史记载，夏桀暴虐导致诸夷内侵，殷汤讨伐予以平定。此后三百余年，夷狄或服或叛。到帝乙之时，国势衰败，东夷渐兴，于是分散地迁往淮、岱这两地，逐渐地在中原安居。商末帝乙、帝辛（纣）都多次征厳方、盂方、

夷方等东夷部族，东夷被征服，商王朝也国力耗尽，后来为周所灭。周武王建立周王朝之初，殷商的余部及东夷势力仍然较强大。周武王死后，殷裔武庚在商奄（在今山东曲阜）、蒲姑（在今山东博兴）、徐戎（徐夷）、淮夷等东夷国家支持下发动叛乱；周公东征，杀死了叛军首领武庚，还灭掉了不少嬴姓之小国，平定了叛乱，建立"齐""鲁"两处封地，但徐戎、淮夷仍长期存在于淮水流域。周穆王时期，徐夷等九夷讨伐宗周，最西边至淮河上游。周厉王时期，淮夷侵袭，厉王命令虢仲征讨，最初没有打败淮夷，第二次才予以平定。至春秋时代，徐夷、淮夷发展得更加强大，联通奉祀太皞的任（今山东济宁境）、宿、须句（今山东东平境）、颛臾（今山东费县境）、自称少皞之裔的郯（今山东郯城）、皋陶后的六（今安徽六安）、蓼（今安徽霍邱）等国，以及与徐夷同祖的群舒（舒蓼、舒鸠、舒庸、舒龙、舒鲍、舒龚等）和九夷等东夷部落国家，活跃在山东半岛和江苏、安徽的淮水流域。这些地方在战国时期成为齐、楚两霸必争之地。

在比较文学形象学研究中，特别是随着形象学在中国发展，"夷"显然已经成为形象学"套话"研究的一个典型对象。"作为'他者'定义的一个载体，套话是陈述集体知识的一个最小单位。它释放出信息的一个最小的形式，以进行最大限度、最广泛的信息交流。"套话在对异族异国进行描述时，容易省略了推理的全过程，在民族心理定式推动下，形成一种习惯性的表述，标志着对"他者"的凝固看法。在中国古典文学中，如果说"中国"是形象地指世界文化的中心层次，"夷"则形象地指世界文化的边缘层次，即未开化之地，它是对外族和外族文化蔑视的想象物，长期被华夏民族使用，成为描写异国或异族及其文化的固定词语。① 在中国传统华夷之辨的文化语境中，"中国"意味着作为强势文化而存在，而"蛮夷"在中原四周，被看作是弱势文

① 杨晓林.从"夷"到"他者"——中国文学中"异"的形象学分析［D］.广西师范大学，2002.

化，都可以认为是形象术语。"蛮"，较早见于《诗经·大雅》中"锦蛮黄鸟"之称，《山海经》中有种叫"蛮蛮"的鸟，其形如"鬼"。可见，在中国古代，借用禽鸟名称来象征野蛮的部族，形容其未开化的生存形态，在思维上似乎认定禽兽之民是缺少文化的，自然不值得施王政以教化之。最早华夏族对南方各族的泛称为"蛮"，后来也用蛮来泛指四方各少数民族。"蛮夷"原本是中国古代对东方和南方各族的蔑称，后来也用来指称外国或外国人。此外，"夷"，还有"平"或"消除"的意思，名词作动词用，可以组词"夷平"。中国古代典籍中也有此意，《老子》云："视之不见名夷。"《周礼·秋官》说："薙氏掌杀草，春始生而萌之，夏日至而夷之。"这里"夷"作动词，表示视而不见或取消之义，形容对未开化的弱小部族的忽视，从而彰显出"中国"自身作为强势文化的优越感。冯友兰先生强调"华""夷"的区分在于文化上的区别而不在于种族上的差异。在中国人的传统观念中，这个世界上有三种生灵，即华夏、夷狄和禽兽。依照文明开化的高低程度，华夏居第一，其次是夷狄，禽兽则完全未开化。

在先秦文学中，出现了中国文学中最早的"异域"形象，主要的代表作品为《山海经》与《诗经》。《山海经》《诗经》中的"异族"等形象的称谓可以看作是中国古典文学中"夷"的群像形成的源头。在《山海经》的"海经"和"大荒经"中，也比较系统全面地描述了古代华夏人眼中的异族形象。《诗经》反映出的华夏族就是以夏、商、周为主体的居于中原地区的广大居民以及春秋时期逐渐融入中原民族的被东周分封的诸侯国。周边各族，即诸夏以外的民族，具体来说，包括东夷、南蛮、西戎和北狄等。① 《诗经》中所指的民族交往，指的就是华夏族和东夷、南蛮、西戎和北狄之间的交往。而实际上，东夷、南蛮、西戎、北狄也不是单一的民族，可以说是对每一方位的由多个民族组成

---

① 李伟. 论《诗经》所反映的夷夏观念 [D]. 内蒙古大学，2010.

的民族集团的统称。由此可见，"华夷之辨"的文化机制在《诗经》中已经表现得非常明显，"夷"已经逐渐成为对华夏族周边少数民族的一种惯称。

第二节 中国文学古典性"他者"形象的发展

鸦片战争以前，中国文学古典性"他者"形象，主要指的是"异族"而非"异国"，即所谓的"东夷西戎南蛮北狄"。中国文学中古典性他者形象，从《山海经》开始，在汉代的《史记》、唐代的传奇以及边塞诗、宋朝的爱国诗词以及明清小说中，俯拾皆是。依据形象学研究相关理论，"他者"形象往往是在"自我"与"他者"的关系中确立的，而确证"他者"形象的"自我"也不是一成不变的，"每一种他者形象形成的同时伴随着自我形象的形成"①，实际上，他者与自我形象是在相互调适的文化关系中互为确证的。一般来说，他者形象并不仅仅是某一个作家个体的想象物，而更大程度上是民族集体的想象物。由于华夏文化在中国古代不断发展和壮大且占据主导地位，中国古典文学中的他者形象是由华夏民族的文化意识决定的。因而，中国古代历朝文学中的"他者"形象所凝聚的异域异族文化，一方面给中原"华夏文化"带来挑战，促其调适与反思；另一方面，更多地被华夏文化所同化，成为华夏文化的皈依者。根据"华""夷"交往的不同阶段，中国古典文学中的"异域"形象，主要是作为"华夏文化自然力的皈依者"及"华夏文化自信力的皈依者"出现。

---

① 狄泽克林. 论比较文学形象学的发展 [J]. 中国比较文学, 1993 (1)：179.

一、西周到战国时期中国文学中的"他者"形象：基于华夏文化自然力的皈依者

"华""夷"族群形成时期的地域环境存在较大差异，华夏族居中原河流山谷，水土丰饶；蛮夷族居周边山野荒漠，条件恶劣。华夏文化基于自然条件产生其优越性，相对周边各族文化较为先进。最早在黄河中下游，特别是中原地区的先民们，占据着天时地利的自然条件，比较早地进入到农耕文明时代。古代农耕文明的优势在于社会生活稳定，虽然历经世代变迁及内忧外患，但是以其为基础的农业文明依然能世代传承。中原优越的地理位置以及在此基础上形成的农业经济孕育着当时较为先进的农业文明，同周边民族的游牧经济及游牧文明形成鲜明的对比。生活在中原地区的先民们自谓"华夏"族，基于农耕文明的优势，对本族文化具有强烈的自豪感及优越感。根据《史记·夏本纪》记载，"诸夏"包括夏后氏、有扈氏、有男氏、斟寻氏、褒氏、费氏、杞氏、辛氏、冥氏等部族。商周时期的许多散布在中原及其周边，经济文化远远落后于"诸夏"的异族，经过春秋三百年的变迁与融合，逐步实现华夏化。文字是文明和文化的载体，文学是社会生活的反映和写照。古老的华夏文明也孕育着中国古代文字和文学的产生，中国最早的文字产生于商朝，最早的文学作品也产生在西周与春秋时期。在西周至春秋战国时期的文学中，记载了中国古代文学中早期的"异域"形象。关于中国古代文学中早期的异域形象，以《山海经》中的描述尤为突出，比较生动地记载了上古时期华夏族想象中的"异域"形象。此外，在中国最早的诗歌总集《诗经》中，也有关于"异域"形象的论述。

《山海经》作为中国志怪典籍，一般认为是战国时期的一部地理书，在文学上被看作是中国最早的神话或故事文本，在内容上主要以民间故事的形式叙述了一些地理知识，展现了众多的人或物的形象，包括山川、道里、民族、物产、药物、祭祀、巫医等。最早流传于西周至春秋战国时期，相传为楚人或巴蜀人所

作。《山海经》全书现存 18 篇，包括山经 5 篇、海经 9 篇、大荒经 4 篇。保存了夸父逐日、女娲补天、精卫填海、大禹治水等远古神话传说，描述了夸父、女娲、精卫、大禹等华夏文化中的"自我"形象。在《山海经》的"海经"和"大荒经"中，也比较系统全面地描述了古代华夏人眼中的异族形象。

在《山海经》关于异族的描述中，异族人的形体与华夏族眼中的正常人不同。当然，这里的异族，已经把《山海经》中所描述的怪物、兽类及神灵等非人类形象排除在外。异族人的体型向着正常人的两极发展，有"小人国"及"大人国"，"长臂国"及"长股国"，"女子国"及"丈夫国"等。例如，《大荒南经》中记载："有小人国，名曰焦侥之国，几姓，嘉谷是食。"与之相对应，《大荒北经》里记载："有大人之国，釐姓，黍食。"《海外南经》云："长臂国在其东，捕鱼水中，两手各操一鱼。"与之相反的是长股国，《海外西经》云："长股之国在雄常北，披发。"还有女子国与丈夫国的对应，见《海外西经》："女子国在巫咸北，两女子居，水周之。""丈夫国在维鸟北，其为人衣冠带剑。"这些形体的变化都是以正常人为中心向两极发展的结果。除了形体的不同，《山海经》的异族文化与华夏文化也不尽相同。就饮食文化来说，《山海经》中提到的异族大多食五谷，比如焦侥国吃嘉谷、黑齿国食稻、玄股国及困民国食黍，这与华夏族几乎相同。与华夏族不同的是：黑齿国"啖蛇"，玄股国食鸥鸟，长臂国以海鱼为主食，劳民国"食果、草食"，君子国食兽。[①] 由此可见，由于环境或者地理条件的影响，这些异族或居森林、河谷、湖畔、海边，与华夏族聚居的中原条件存在差异，因而饮食也不尽相同。异族的形体变化所遵循的逻辑就是以华夏族为中心向两极发展，饮食文化差异明显受地域环境的影响，这是典型的由地缘文化差异导致的华夷区别与分野。

---

① 陈连山.《山海经》对异族的想象与自我认识 [J]. 北京大学学报（哲学社会科学版），2012（1）.

《诗经》的内容非常丰富，题材也很广泛，作为我国最早的诗歌总集，它展示了整个先秦社会（公元前11世纪—公元前4世纪）的历史风貌，不仅具有很高的文学价值而且具有重要的史学价值，它是中国文学辉煌灿烂的源头之一，也是世界文学宝库中最耀眼的瑰宝。在《诗经》中，也有关于"他者"形象的论述。作为中国古代的第一部诗歌总集，《诗经》主要反映了中原华夏族群的历史及社会生活，商周时代的历史在《诗经》中也能找到相关的描述，因而，《诗经》在一定程度上具有史诗品格，可以看作是中国古代早期史诗，当然也具有一定的史料价值。比如从后稷创业到武王灭商的历史在《生民》《公刘》《绵》《黄矣》《大明》等五首诗歌中有叙述。《诗经》也包含一些反映了华夏族群与周边各族关系的诗歌，其中记载了华夏族眼中的"夷狄"形象，比如《破斧》《韩奕》《六月》《出车》《采薇》《常武》《文王有声》记载了华夏族与南蛮、西戎、东夷、北狄的关系。通过解读《诗经》中关于"华夏族"的描述，发现华夏族主要是指商周时期居住在中原的广大居民，随着与周边交往的日益密切，春秋时期融入中原的周边异族也被纳入华夏族的范畴。水土丰饶的中原地区为华夏族的主要聚居地，中原东面生活着东夷，南方住有荆蛮，西方聚居着戎族，北方是狄族，他们的生活环境相对比较落后。《诗经》中所指的民族交往就是华夏族和夷、蛮、戎、狄的交往，中原四周的"蛮夷"通过与"华夏族"联姻的形式从边缘地带进入富饶的中原地区，《诗经》具有写实性，对那个时代的真实情况有比较客观的反映。先秦时期华夏族与蛮夷之间大多出于政治原因而联姻，两个政治军事集团通过婚姻的方式联合起来以达成某些政治目的。而实际情况往往是，实力较弱的一方会主动发起联姻以得到强国的庇护或壮大自身实力。通过联姻既可以巩固两方之间已有的盟约，在关键时期还可以结成军事同盟遏制或打击对手。这种联姻"是一种政治行为，是一种借新的联姻来扩大自己势力的机会①"。春秋战国时期有 120 余个诸侯国，通过联姻和战争的形式，边远地区的"蛮夷"大都融入中原，中原以其地缘的强大吸引力，让四方蛮夷得以皈依华夏文化。

从周朝开始，华夏族凭借地处中原的地缘优势，人口聚居，形成比较稳定的农业文明，产生了较繁盛的礼制文化，因而有"尊周礼者，曰'夏'；逆周礼者，曰'夷'"的说法。而且，春秋战国时期诸雄纷争，都是以地域的扩张来实现礼制文化的传播，可见地缘优势在先秦时代的文化发展过程中占据了非常重要的地位。因而，西周到春秋战国时期中国文学中的"他者"形象归根到底是基于华夏文化自然力的皈依者。

二、秦汉至晚清中国文学中的"他者"形象：基于华夏文化自信力的皈依者

冯友兰先生强调，"中国"或"华夏"与"夷狄"的区分在于文化而非种族。华夏文化作为中国古代的主体文化，其优越性除了来源于先秦时代凭地域优势形成的华夏文化自然力之外，更多来源于几次大一统所形成的华夏文化自信力。几次大一统，特别是汉唐盛世带来的政通人和，使得华夏文化迅猛发展，形成空前的文化自信，对周边乃至外来文化具有强烈的吸引力、征服力和同化力。在秦汉至晚清的中国文学中众多的他者形象，以彰显华夏文化自信力为核心，要么映衬出华夏文化的繁盛，要么表现出对华夏文化的皈依，现选取汉代《史记》中的"匈奴"、盛唐边塞诗中的"异域"、宋朝爱国诗中的"异域""异族"、元朝蒙古诗人笔下的"故乡"、明清小说中的"夷"群像等加以论述。

《史记·匈奴列传》中，对匈奴首领冒顿单于有较为详细的叙述，他一方面弑父杀妻诛灭抗命者，冷酷狠毒且工于心计；另一方面却具备一代枭雄的胸襟和气魄，勇敢无畏。冒顿单于以攻

---

① 李伟. 论《诗经》所反映的夷夏观念 [D]. 内蒙古大学，2010.

其不备的方式灭掉了与其双雄并峙的东胡。得胜归来后，在西边赶走"月氏"，在南面兼并"楼烦及白羊河南王"。秦代蒙恬所攻占的匈奴失地全部被他收复。界汉兵与项羽相拒，中原疲于兵革的时机，冒顿得以强大，他所掌控的军队达到三十万之众。黑格尔说"恶（欲望）常常是历史的创造者"，以重纲常伦理的儒家正统观点来看，冒顿的成功史自然会受到正统文化的批判，被看作是一部令人发指的作恶史。司马迁笔下的这一"丑夷"形象，一方面表现了汉民族对不讲仁义的蛮族的憎恶，另一方面体现了对冒顿的强力征服也不乏敬畏之情。与令人憎恶的冒顿单于相比，《史记·李将军列传》中的李广则令人称赞，他机智勇敢且视匈奴如草芥，"但使龙城飞将在，不教胡马度阴山"的诗句让"飞将军李广"之英名流芳千古。同时作者以弱化匈奴的形式反衬汉将李广的神勇，也表达了平息边患的时代心理。对"我族"形象描绘时用墨如泼，而对"夷"的刻画往往只有寥寥数语，抽象模糊的一鳞半爪的匈奴形象，是以反衬天朝将士的角色出现的。《史记》在突出汉帝国赫赫天威的同时，"丑夷叵测，黠虏难驯"的匈奴形象也跃然纸上。汉景帝时，实行徙民实边、和亲备战并举的政策。卫青、霍去病三战匈奴，使其远遁，乃至于匈奴不敢在漠南设置王庭。汉元帝时，昭君出塞和亲结束汉匈百年冲突，"边城晏闭，牛马布野，三世无犬吠之警，黎庶亡干戈之役"。而到了东汉初年，匈奴强大而反扑，以至于刘秀无力回击，只好"筑亭候，修烽燧"于长城沿线，以加强防御，并徙边民于常山关、居庸关以东，造成"边陲萧条，无复人迹"。同时，实行"赂遗金币，以通旧好"的羁縻政策。后来匈奴南北分裂，南匈奴向东汉俯首称臣，迁徙至塞内，"愿永为藩蔽，抵御北虏"，经魏晋与汉民族融合，北匈奴被窦固追至燕然山（今蒙古杭育山）刻石记功而返，最终徙至欧洲匈牙利平原，匈奴问题彻底解决。匈奴远去，秦汉文化为周边异族所效仿，"秦砖汉瓦"成为各民族文学和文化中流传甚广的经典意象。

　　盛唐边塞诗中，不仅描绘了恶劣的异域景观，而且呈现了富庶的自我形象。异域往往被描写成气候条件恶劣的地方，那里天寒地冻且人烟稀少。王维在《陇西行》中写道："十里一走马，五里一扬鞭。都护军书至，匈奴围酒泉。关山正飞雪，烽火断无烟。"岑参《天山雪歌送萧治归京》："天山雪云常不开，千峰万岭雪崔嵬。北风夜卷赤亭口，一夜天山雪更厚。能兼汉月照银山，复逐胡风过铁关。交河城边飞鸟绝，轮台路上马蹄滑……"诗中虽然没有直接描写生活在塞外的游牧民族，但通过其生活的这种恶劣环境描写，可以看出这些游牧民族被看作是落后的民族。在表现自我英雄气概之时，"异域"通常被写成男儿显声扬名求取功名的好地方，令人神往。例如王维在唐开元二十五年以监察御史的身份出塞慰问战胜吐蕃的崔希逸军之时，留下名篇《使至塞上》："单车欲问边，属国过居延。征蓬出汉塞，归雁入胡天。大漠孤烟直，长河落日圆。萧关逢候骑，都护在燕然。"①把异域描绘得景色优美且空阔雄壮，契合旗开得胜的心境。异域也被描写成令人毛骨悚然的人间地狱，比如在杜甫的《兵车行》中："君不见青海头，古来白骨无人收。新鬼烦冤旧鬼哭，天阴雨湿声啾啾。""白骨""新鬼"意象把边关异域的惨状烘托出来，令人恐惧。所有这些异域形象都是和大唐系列拓边战争紧密相关的，这也映衬出大唐的强盛以及民族自信心高涨。盛唐边塞诗之中，上述对比的例子还有很多。边塞的萧条映衬出唐代的繁盛，"万使来朝"的景象令人侧目，"唐装""唐韵"等文化意象深入人心，为周边民族所向往并效仿。

宋代爱国诗歌中的"异域""异族"形象则令人憎恶。宋室羸弱，爱国诗盛行，或感时伤怀，或慷慨激昂，呈现出独特的异族形象。赵匡胤建宋，"杯酒释兵权"，强化中央集权。但吏治败坏，地方财源枯竭；军队量多质次，战斗力减退。高粱河战役，宋军被辽军打败，公元986年雍熙北伐，宋军再败。宋辽签"澶

① 杨晓林. 从"夷"到"他者"——中国文学中"异"的形象学分析 [D]. 广西师范大学，2002.

渊之盟"，宋夏（西夏）签"庆历和约"，宋都以赠送大量财物的方式笼络异族获得暂时的和平。被誉为"胸中有十万甲兵"的范仲淹力抗西夏，在任陕西经略副使兼知延州期间作《渔家傲》："塞下秋来风景异，衡阳燕去无留意。四面边声连角起，千障里，长烟落日孤城闭。浊酒一杯家万里，燕然未勒归无计。羌管悠悠霜满地，人不寐，将军白发征夫泪!"这位名将眼中的边塞地域广袤、大山重叠、城池寂寥、荒僻凄冷、孤寂单调悲凉，令人肠断;但"燕然未勒"，无颜归家，壮而不悲。① 北宋中期，冗官"倍增"，冗费"积贫"，冗兵"积弱"。"不抑兼并"的土地政策造成贫富两极分化，"富者有弥望之田、贫者无立锥之地;有力者无田可种，有田者无力可耕"。而王安石推行的新法由于官僚舞弊，反成扰民之弊。神宗死新法废，国事遂凋敝;"靖康之耻"，二帝被俘。而公元 1132 年，宋高宗仍然在杭州"建明堂""立大庙"，且终日作乐。岳飞收复襄阳进兵中原，郾城大战让金兵闻风丧胆，金兵发出"撼山易，撼岳家军难"的感叹。而岳家军进军朱仙镇后被 12 道金牌所阻，不得不退回鄂州，复地尽失，岳飞被冠以"莫须有"罪名惨遭杀害。岳飞在《满江红》中写道："靖康耻，犹未雪。臣子恨，何时灭! 驾长车，踏破贺兰山缺。壮志饥餐胡虏肉，笑谈渴饮匈奴血。待从头，收拾旧山河，朝天阙!"可以看出，岳飞对金人全是蔑视憎恨之语，称其肉可食血可饮。以气吞万里如虎正面夸张写我之强大，把怯懦的敌人描写为不足挂齿的鼠辈，以长自家志气，灭敌人威风。宋金对峙，金最终以学儒而亡，实际上是被汉唐文化同化。

在元代北朝民歌及蒙古诗人笔下，"夷"为华夏族亲善者的形象。蒙古族建立了中国历史上幅员最辽阔的元朝，且海陆交通畅通无阻。他们奉行"不用儒经，只用宝剑"的"蒙古式的和平"，七征朝鲜，两伐日本，兵进缅甸，与"华夷"秩序大异其

---

① 杨晓林. 从"夷"到"他者"——中国文学中"异"的形象学分析 [D]. 广西师范大学，2002.

趣。在北国诗人的笔下，故乡草原风光被描绘得格外迷人。"敕勒川，阴山下，天似穹庐，笼盖四野。天苍苍，野茫茫，风吹草低见牛羊"的场景，令人神往。蒙古诗人萨都剌的《上京即事》两首，其一："牛羊散漫落日下，野草生香乳酪甜。卷地朔风沙似雪，家家行帐下毡帘。"前两句写晚霞散绮的静景，后两句写飞沙走石的动景。天气变化倏忽，令人着迷。其二："紫塞（长城）风高弓力强，王孙走马猎沙场。呼鹰腰箭归来晚，马上倒悬双白狼。"狩猎牧民的剽悍勇猛，历历如在目前。中原人读之，看到的完全是一个个亲善的他者形象。

明代小说中的"夷"形象，丰富多彩。明朝承袭宋元军政财三权分立做法，防止了地方官专权，还用科举制以强化思想文化的专制。靖难之役建文帝失败，朱棣迁都北京，减免赋税，兴修水利，严惩贪污，抑制豪强，解放奴婢。明代农业、手工业及商业繁荣发展，空前强盛。

首先，明初《三国演义》中的"孟获"等南蛮形象，令人印象深刻。明朝的统一让经济迅速恢复且不断发展走向富强，宋元的科技成就开拓了明代与外部世界的联系。郑和在二十八年间七下南海、印度洋，虽然开阔了视野，但站在"华夏中心主义"的文化立场，将所经过的海上丝路以及沿太平洋至印度洋滨海而居的民族和国家，一起吸纳到"华夷秩序"的国际关系网中。随着郑和下西洋的开拓，以修好为目的的朝贡国家增多，规模大且档次高的使团数次来朝，华夏中心观念进一步强化。这时的"夷"（实为异国）远在天边，且力量不足以乱华，最后一般都慑于恩威而臣服。中国对其态度是主动地去征去讨，自我斗志昂扬，充满着自信心和英雄主义气概。元末明初，罗贯中著《三国演义》，在该著作中，南方蛮王孟获起兵十万犯境，以强大的军事实力让戍守边地的三个太守都选择了投降。诸葛亮亲征，只通过一次战争就俘获了孟获及二洞元帅，还取了一洞元帅的首级。孟获极不甘心便吹牛撒谎，结果是屡战屡败节节败退。诸葛亮擒孟获显得异常轻松毫不费事，犹如大人戏小孩玩弄其于股掌之中，作者通过这些描写以标榜我族一切皆优于蛮族。在书中所描写的南蛮形象也给人以粗俗野蛮的感觉：蛮兵都赤身且衣不蔽体，孟获的随从也是"青眼黑面，黄发紫须，耳戴金环，蓬头跣足，身长力大"。经过诸葛亮的七擒七纵，孟获最终诚服，垂泪而曰："七擒七纵，自古未尝有也。吾虽化外之人，颇知礼义，直如此无羞耻乎？"肉袒谢罪，"丞相天威，南人不复反矣!"并且，南方人皆感孔明恩德，乃立生祠，四时享祭，呼之为"慈父"。在罗贯中的笔下，南蛮之地是"离国甚远，人多不习王化，收伏甚难"的"不毛之地，瘴疫之乡"，简直就是动物或鬼怪的巢穴，中原人是难以生存的。①

其次，明代中期《西游记》中的"昏君""妖道"以及《金瓶梅》中的"番僧"，乃无道与淫邪之辈，为华夏族所痛斥。明代中期由于宦官专权，"相权转归寺人"，随着张居正的改革遭到废弃，土地急速集中且赋役加重，导致农民流离失所且起义此起彼伏。在吴承恩的神魔小说《西游记》中，乌鸡国国王与"妖道"结"八拜为交"，视其为至爱亲朋，而结果是妖道不仅将国王推入井中淹死，还霸占了王位娶了王后。在虎力、鹿力、羊力三妖道的法力面前，车迟国国王完全被迷惑，不仅对他们毕恭毕敬恩宠有加，遵奉他们为车迟国国师，还在其唆使下残害和尚。正如书中所描述"且莫说是和尚，就是剪鬃的秃子，毛稀的，都也难逃"，连唐僧师徒也计算在内。这分明是明中期东厂、西厂令人恐怖的特务政治的写照，作者巧妙地将其移到了异域，借虚构的"他者"来批判现实中的"自我"。当然，作者想象中的"自我"（大唐）还是十分美好的。《西游记》中的大唐贞观年间的景象诚如："死囚四百皆离狱，怨女三千放出宫。"唐王尊佛敬神励精图治，人神鬼三界各司其职，秩序井然，"天下太平，八方进贡，四海称臣"。唐僧师徒四人西天取经之途景是混乱且凶

---

① 杨晓林. 从"夷"到"他者"——中国文学中"异"的形象学分析 [D]. 广西师范大学，2002.

险的异域，妖怪横行，纲纪废弛，与唐王朝形成鲜明的对比；后经唐僧弟子奋力斗法，诛杀妖孽，方得天朗气清。正是在对异族的虚构与想象中，汉民族的优越感得以充分展示。《金瓶梅》的"番僧"形象也令人印象深刻，书中的这位番僧来自西域天竺国密松林齐腰峰的寒庭寺，其形体古怪相貌丑陋，豹头凹眼色若紫肝，戴了鸡蜡箍儿，穿一领肉红直裰，颏下髭须乱拃，头上有一溜光檐，简直就是个形容古怪真罗汉，未除火性独眼龙。在禅床上坐定过去了，垂着头，把脖子缩到腔子里，鼻孔中流下玉箸来。西门庆看到其相貌与常人迥异，认定他是个得道高僧，邀到家中以好酒好肉相待，番僧回赠他百十丸壮阳药，并称此药"一夜歇十女，其精永不伤。老妇颦眉蹙，淫娼不可当"。其结果便是西门庆纵欲过度髓竭人亡。此番僧的形象真可谓是催命无常，将献方药者写成"他者"，面目如此不堪，当是对此类以邪门歪道取媚者的喝骂。《西游记》中荒淫无道的比丘国国王在妖道的蛊惑下，强征上千名小儿的心肝作药引，以挽救其日渐虚弱的身体并妄求长生不老。许多论者认为这是影射明世宗，明世宗曾诏选几百名少女进宫，用这些女孩的"元红"（即初潮）炼药，以达到长生壮阳的功效。而作者却将这类荒谬的事情移到了异国，借用他者来反思和谴责自我。

再次，明后期《西洋记》中的西洋诸国及日本，让人感到新奇而陌生。元末明初，隔海相望的日本处于南北朝分裂时期，"倭寇"横行，对明代的海防造成威胁。"倭寇"主要由没落武士、浪人和走私商等组成，有的还是小封建主，他们依仗日本封建诸侯背景，经常到中国沿海地区进行武装骚扰，掠夺财富。明朝初年海防严密，倭寇的骚扰未成大患。正统年后海防松弛，倭寇嚣张，乃至于在1439年的台州、宁波等地，由于倭寇的侵袭造成了"积骸如山，注血成川"的惨状。明朝万历二十年，日本大野心家丰臣秀吉以十万大军远征朝鲜，伤害中国侨民，想"一超直入大明国，易吾朝风俗于四百余州，施帝都政化于亿万斯年"。当国事危难之际，而朝中能制定良策的王公大臣寥寥无几，皆显

029

得柔弱无能。因而，在《西洋记》中，作者罗懋登借永乐帝朱棣斥责道："枉了我朝中有九公十八侯三十六伯，都是位居一品，禄享千钟，绩著旗常，盟垂带砺，一个个贪生怕死……"① 即使有敢于出战的极少数将领，也由于受制于权臣而遭到压抑和排斥，不得展其才，以致侨患久久得不到肃清。即便这部小说处处露骨地表现着明朝以大欺小以强凌弱的霸道的大国意识，但明朝面对日本的侵扰只能选择得过且过。书中又对大明进行夸张的描绘，大明朝天子是玉虚师相玄天上帝下凡治世，抚夷的取宝队伍号称"宝船千号，名将千员，雄兵百万"。天师是龙虎山张真人，宝船上两面长牌，左一块写作"天下诸神免参"，右一块写作"四海龙王免朝"，中间鱼尾朱砂大字写"值日神将关元帅坛前听令"。国师金碧峰长老是"三千古佛班头，万千菩萨的领袖，燃灯古佛临世，拆天补地，推山移海，呼风唤雨，役鬼驱神，袖囤乾坤，怀揣日月"。真可谓声威赫赫，无人敢挡。当张天师怂恿抚夷取宝时，万岁爷道："朕父天母地而为之子，天下之民皆吾子，天下之财皆吾财，天下之宝皆吾宝……"一派"普天之下，莫非王土，率土之滨，莫非王臣"的口气。借"取宝"之名，行"抚夷"之实，顺我者昌，逆我者亡，想象中的"自我"对"他者"所向披靡，反映的是现实中的"自我"对"他者"的一筹莫展。②

　　金帅兀术的形象在清前期小说《说岳全传》中的加工与改造反映了"夷"形象的转变。在华夏民族的集体无意识中，由于大汉族主义思维方式的长期积淀和民族矛盾所导致的民族冲突长期存在，认为文明程度落后于中华民族的他族在伦理道德及行为方式上是无法比肩我族的，所谓："非我族类，其心必异。"③清朝以前的文学中的"异族"形象大都体现出这一特点，但随着清朝入主中原和满汉民族的日渐融合，这种情况有所改观。其实满族在入关前，其汉化程度已经非常深。虽然入关时也曾大肆杀戮抵

---

　　①②③ 杨晓林. 从"夷"到"他者"——中国文学中"异"的形象学分析 [D]. 广西师范大学，2002.

抗的汉人，但其入主中原后却学习汉人的理政措施，不仅任用汉人为官，还从善如流学习汉人的礼仪与道德。康熙、雍正平定三藩赢得了民心，励精图治，造就历史上的康乾盛世。这种民族矛盾比较宽松的语境，反映在清初小说《说岳全传》中。虽然是同样的题材，但与明代小说相比，其民族对抗和抵制情绪已不是很强烈了。《说岳全传》中的"夷"，较少遭受诟病，被贬低丑化的程度也大大减弱，呈现了"非我族类，其心不异"的特点。在对人物的描写中，作者以儒家文化为标准，对金帅兀术誉美有加，他被刻画得简直和岳飞一样，是一位仁义礼智信兼备，符合儒家文化标准的忠勇名将。他虽然生长在番邦，却酷好南朝书史，最喜南朝人物，常常在宫中学穿南朝衣服，因此老狼主不喜欢他。他臂力过人，举得起千余斤的镇国之宝——铁龙。他武艺超群，一般宋朝将领不是他的对手。他带领的军队"军法森严，不许取民间一草一木"。他身先士卒，敢于冒险。他敬重忠臣孝子和宁死不屈的好汉，对不怕死来下战书的牛皋，下座以礼相待；厚葬城破自刎的潞州节度使陆登夫妇，抚养其子陆文龙；对为使生灵免遭荼毒而降的忠臣张叔夜，言而有信，大军只绕城而过；对先后割去十指和舌头尚骂老狼主不休，最后竟咬掉老狼主耳朵的宋臣李若水、哈迷蛋遵命收尸，·"盛于金漆盒内藏好"，"择地安葬"，并将白银三百两送予其母作为养膳之资，在其门上插令旗禁止金兵骚扰；对陷害忠良的奸臣张邦昌、刘豫等"心中暗怒"，极为鄙视，先用之，后杀之；对杀父归宋的曹宁，认为是"弑父逆贼，岳飞肯收留帐下，岂是明理之人？也算不得个名将！"当小番来报"不知何故，将曹宁首级号令在宋营前"，兀术拍手道："这才是个元帅，名不虚传！"对众平章道："宋朝有这等人，叫某家实费周折也。"①

清中晚期小说《镜花缘》中的海外诸国形象，言说着盛衰中

① 杨晓林. 从"夷"到"他者"——中国文学中"异"的形象学分析 [D]. 广西师范大学，2002.

的丑恶现实。乾隆中期，贫富悬殊，可谓"富贵如花""贫贱如草"。海内殷富之家，比屋相望；大灾之年，人人惶恐，嘉庆元年（1796年）2月，京城一个寒夜竟然冻死八千人。乾隆皇帝"从太平之君"到"散财童子"，是清朝由盛转衰的节点。康、雍、乾中叶时国库每年收支结余五百万两以上，库存银两每年都在五千万至十千万两之间。乾隆修避暑山庄和圆明园，为孝圣宪皇后祝寿，为自己做八十大寿，六次南巡，五次巡幸五台山，五次告祭曲阜，七次东谒三陵，多次避暑热河，耗费甚巨。另外，军费开支达一亿两千万两。到乾隆末年，年剩两百万两。这时的天朝（1806—1840）可谓江河日下。当时全国约有靠八股而取得功名的50万生员，但是它们大多只会八股文、小楷书，不谙治国理政之道，成为一个庞大的寄食群。加之河道失修，水灾频仍，百姓生活艰难。官逼民反，乾隆末期的"天地会""哥老会""白莲教"活动频繁，川、陕、楚、豫、甘五省大起义，一、二品大官被杀有二十余名，消耗朝廷铜银两亿两。而且，"八卦定君臣"的天理教起义，居然打进了皇宫。而这些在清中期李汝珍的《镜花缘》中均有影射，《镜花缘》中的海外诸国，依《山海经》所载的寥寥数语铺陈夸张而来，作者笔下的异邦形象和异国情调，绝非向壁虚构，而是乾隆中期"人心不古，世风日下"的世事百态的漫画化，是对荒诞之事的形象化概括。这些想象中的"他者"，作为对象化了的"自我"，言说了盛衰转变中的丑恶现实。①

第三节　中国文学古典性"他者"形象的实质

从秦汉到清中叶，"华夷之辨"观念作为政治体制，经历了

---

① 杨晓林. 从"夷"到"他者"——中国文学中"异"的形象学分析 [D]. 广西师范大学，2002.

032

较为复杂的曲折演变历程。而作为文化机制，古代"华夷之辨"的内在一直以"华夏文化对夷狄文化同化"为主线。在"华夷之辨"的文化语境中，作为中国文学古典性"他者"形象习惯性称谓的"夷"的套话实则表现了华夏族对蛮夷文化的蔑视态度。作为文化机制，中国古代"华夷之辨"的文化本质是"华夏中心主义"，这种观念从春秋战国时期一直延续到鸦片战争之前，决定了中国古典文学中的"异域"形象实质：中国文学中古典性"他者"形象主要指"异族"而非"异国"，其实质是对象化的文化"自我"。不管是基于华夏文化自然力的皈依者还是基于华夏文化自信力的皈依者，"他者"都会随着华夏文化的发展壮大而融入其中。

一、中国古代"夷"的套话表现了华夏文化对蛮夷文化的蔑视态度

根据形象学研究理论，自我对他者的基本态度主要有四种：狂热、亲善、憎恶、双重否定。当所在文化比较强大，研究者对自己的处境较为自满自足时，他们在"异域"寻求的往往是与自身相同的东西，也就是用本社会模式，使用本社会话语对其重塑，以证实自己所认同的事物或原则的正确性和普遍性，也就是将"异域"的一切纳入文化"自我"的意识形态当中。当所在文化暴露出许多矛盾，研究者本身也有许多不满时，他们就往往将自己的理想寄托于"异域"，用离心的，符合一个作者（或群体）对相异性独特看法的话语，把"异域"塑造为自己的乌托邦。① 探析中国古典文学中的"他者"形象，会发现华夏文化与蛮夷文化也存在着错综复杂的关系，华夏对蛮夷的文化态度包含以上四种，但主要以"憎恶"为主，表达华夏对蛮夷的蔑视。具体表现如下：

第一种基本态度是"狂热"。一个作家或群体把他者（异国

---

① 杨晓林. 从"夷"到"他者"——中国文学中"异"的形象学分析 [D]. 广西师范大学，2002.

或异族）的现实看作绝对优于注视者文化、优于自我本土文化的东西。他者文化在注视者的描述中表现出强烈的优越性，并使得作家贬低甚至否定本土文化，对他者文化持狂热的态度。基于这种狂热的态度，作家对"他者"（异国异族）的描述近似于一种"幻想"，超越了基于现实事物的想象。往往通过对他者的描绘来表达对自我现实的不满与批判。中国古典文学中也有这样的描述，比如唐传奇中出色的豪杰侠义小说《昆仑奴》。基于晚唐藩镇割据，社会动荡，人民居危思安的文化背景，上承《史记·游侠列传》除暴安良、助人为乐的文化传统，裴铏创作了这个作品。聪慧、机警且武艺高强的昆仑族人磨勒流亡到中原，被卖身为奴，他主动为主分忧，崔生却恩将仇报。磨勒面对围捕，举重若轻，化险为夷，反衬出崔生的愚呆和懦弱。作者借磨勒形象，一方面反映了唐代长安城中少数民族在汉族知识分子心目中是个奇异的存在，另一方面表达了对唐代汉人侠肝义胆的亲善和敬慕之情。历史上未必有磨勒其人，但作者把他写得活灵活现，磨勒形象被看作是近代武侠的远祖。又比如在《镜花缘》中，作者通过"君子国"好让不争、耕者让畔、行者让路、买者添价、卖者减价的描绘，对现实社会中好争不让、漫天要价、就地还钱的现象进行批判和抨击。在《孽海花》中，作者通过将虚无党人刺杀专制暴君作为侠义行动进行肯定性的描写，批判清末蝇营狗苟的贪官污吏。这些他者形象，兼有中国人观念中的理想人格和他族的优秀品质，因而，亲善甚至狂热崇敬之情贯穿于作品的叙述中。《镜花缘》中，黑齿国有"学高为贵"的风俗，即便是女子，有了才名才有人求亲，没有才学，就是生在大户人家也无人同她配婚。黎亭亭、黎红红两姊妹不要脂粉倒要习书，博闻强记且才思敏捷，便是对天朝"女子无才便是德"的批判和反驳。唐敖和多九公自恃天朝乃万国之首圣人之邦，自以为是而卖弄学问，不料被讥为"问道于盲""举动仓皇，面色如土"，如同班门弄斧。乃至到了白民国见了"纵然生得好皮囊，腹内原来草莽"的儒士，还犹如惊弓之鸟，不敢开口谈文，轻发一论。

第二种基本态度是"憎恶"。与优越的本土文化相比，异族异国现实被视为是落后的。有"憎恶"之感时，幻想就会呈现出本土文化的形态。对如前所述中国古典文学中众多的"他者"形象，作者在描述时，更多地表现出鄙夷及憎恶的态度。从上古神话中的蚩尤开始，到《史记》中的匈奴、唐边塞诗中的异域、宋被胡化的故土、《三国演义》中的南蛮、《西游记》中的西天诸国、《金瓶梅》中的番僧、《西洋记》中的西洋诸国、《镜花缘》中的海外诸国，等等，他者一度被当作鄙夷和憎恶的对象，成为中国古典文学"他者"形象发展史的主流。

第三种基本态度是"亲善"。亲善的态度与狂热的态度在程度上存在差异，可以说自我在对他者的狂热态度中几乎是无我的，而自我在对他者的亲善态度中仍然坚持自我主体的存在。基于亲善的态度，他者（异国异族）现实被看成或被认为是正面的，且纳入了注视者文化。比如在《西游记》中，玉华国人烟凑集，生意繁盛。观其声音相貌与中华无异，为自我之亲善者。作者把它描绘为"五谷丰登"的"极乐世界"。在《镜花缘》中，作者把君子国说成是泰伯之后人所建，该国的风俗人文都是"天朝文章教化所致"。还认为轩辕国是黄帝之后，所以莺歌凤舞，一派升平景象。这样，就形成了你中有我，我中有你的文化景观。"亲善"是唯一能真正实现双向交流的文化态度。

第四种态度为"双重否定"，在文学作品中，异国文化和注视者文化均被视作负面的。这种态度在清末"谴责小说"中有体现，作者一方面对洋人的飞扬跋扈深感不满，另一方面对清朝官僚的卑躬屈膝更是持批判态度。[①]

纵观中国文学古典性他者形象发展史，对异族的憎恶（蔑视）远远大于狂热和亲善，鲜见"双重否定"的态度，这是中国文化中"华夷之辨"意识过于强烈，华夏文化为主流文化所导

---

① 杨晓林. 从"夷"到"他者"——中国文学中"异"的形象学分析［D］. 广西师范大学, 2002.

致的。

二、"华夷之辨"的文化本质决定"他者"形象的实质

根据叙事学理论，叙事视角决定事件性质，而事件的性质决定事件中"形象"的性质。叙事视角可以表现为叙事立场或态度，中国古代"华夷之辨"的文化机制所形成的集体无意识引导作家（或群体）站在"华夏中心主义"的文化立场来进行叙事，决定了作品中的"蛮夷"形象成为被蔑视的对象。华夷之辨的本质是"华夏中心主义"，具体来说表现在以下几个方面：

首先，与蛮夷相比，华夏族的一切都具有强烈的优越性。形成大一统局面的几个朝代都自认为是天朝上国。在天朝上国的观念下，天朝上国无所不有，凡是外来的新鲜事物凡是我没有的都被认为是奇技淫巧。在《西洋记》中，当元帅面对爪哇国兵溃将亡乞降时说："我堂堂天朝，明明天子，希罕你什么降书降表。我天兵西下，拉朽摧枯，希罕你什么通关牒文。我中国有圣人，万方作贡，希罕你什么礼物土仪。你这釜底游鱼，幸宽一时之死足矣，何敢多言！"这影射了大清王朝盛气凌人之势。1793 年（乾隆五十八年），英王派使者马戛尔尼出使中国，借祝寿为名来实现通商之实，被强行三跪九拜之礼，后被驱逐。敕令说："天朝抚有四海，德威远被，万国来朝，种种贵重之物，梯航毕集，无所不有，……并无更需尔国制办物件！""天朝物产丰盈，无所不有，原不藉外物以通有无。"真是天威赫赫，不可一世。乃至于使者的随员事后写道："我们进入北京像穷极无依的人，居留时如囚犯，离开时像流浪者。"

其次，华夏族对异域异族抱既好奇又鄙视的态度。《西洋记》中，在木骨都束国的唐状元，他卖弄武艺，与其总兵官赌胜时吹嘘道："我中国人信义为本，一句话重似一千两金子。若只是这等反复无常，倒和夷人一样去了，怎么又叫做个中国？"意味着华夏人"一诺千金"，而蛮夷尽是撒谎之人。另外，总认为"夷"

是人的异类，有动物性。岳飞在《满江红》中写道："壮志饥餐胡虏肉，笑谈渴饮匈奴血。"虽然用了艺术夸张手法，但是在诗人的潜意识中，自己当然不是茹毛饮血的蛮族，而把胡虏和匈奴视同近于兽类的劣等民族，并称可以食其肉，饮其血。《西洋记》中，在爪哇国，将三千名番兵"切其头，剥其皮，剐其肉，烹而食之"。而煮熟后"三宝老爷吃了一双眼珠儿起，依次分食其肉。至今爪哇国传说南朝会吃人，就是这个缘故。这一日中军帐上大宴百官，中军内外大犒军士，鼓敲得胜，人唱凯歌。"①

第三，华夏族往往把"夷"看作是"厚往薄来"的施恩对象。鸦片战争前，几次大一统形成了相对比较强大的中华文明，在天朝上国的政治文化语境中，中国人总是将自身的意识形态看作世界性的普世价值，以强势文化的姿态，有意无意地灌输给"华夷秩序"圈的异族或异国，还美其名曰"以夏变夷"。这种基于华夏文化内部分野的文化交流机制，直接或间接地改变了"他者"的意识形态和生存方式，并被认为是"阳春布德泽，万物生光辉"般的施恩于彼。"外邦之丸泥尺土，乃中国之飞埃；异域之勺水蹄涔，原属天家滴露。"《西游记》中，唐僧师徒向西天取经，作为施恩者一路降妖伏魔，使得西方诸国转危为安，天朗气清，人民安居乐业。所到之国君臣百姓无不感念大唐圣僧的恩德，并且祝福唐王洪福齐天。这和近代西方殖民者看东方存在巨大差异，近现代西方眼中的东方，是自然资源丰富可以被掠夺的对象。

"华夏"和"蛮夷"的关系就是"华夷秩序"。其根本理念和原则是："自古帝王临御天下，中国属内以制夷狄，夷狄属外以奉中国。"其要达到的境界是：域外诸"藩国"，如群星参斗，葵花向日般围绕着中国运转且进步。在体制上最根本的保证是"朝贡"制度。中国古代文化中的理念与原则最本质的东西是

---

① 杨晓林. 从"夷"到"他者"——中国文学中"异"的形象学分析 [D]. 广西师范大学，2002.

"和"和"一"。中国"和"文化源远流长，它有卓然独立、不同凡响的一面："和为贵""八方四海庆和平""共享太平之福""桂旗不动酒旗招""天地之间，帝王酋长，因地立国，不可悉数。雄山大川，天造地设，各不相犯"等理念深入人心。① 在世界中古文化大背景中来评价中国古代"华夷秩序"，这种理念及体制运作，"罗马式和平""阿拉伯帝国式和平""大英帝国式和平"等都不能与之比肩，甚至不能望其项背。这种理念及机制的内核集中表现为：政治上的和平亲善；经济和文化上的和平往来及友好交流。当然，回顾欧洲的中世纪历史，粗俗野蛮胜于文明教化。至于明治维新后日本帝国主义所提出的臭名昭著的"大东亚共荣圈"，与之相比，可谓是天壤之别。现在看来，"大一统"文化中的"一"在一定的时空中体现了"华夷之辨"的历史局限性："万国来朝进贡，仰贺圣明主，一统华夷""千邦万国敬依从""四夷率土归王命"，政治上君君臣臣，经济上"厚往薄来"，文化上赐予，这种理想、理念、礼仪、体制的运作，浸透着古代封建帝国居高临下、凌驾一切的大国主义精神。这种不可取的以一元论为宗旨的世界秩序的国际关系体系，不但在古代世界诸帝国中存在，就是在现当代依然没有全部消失。由于各个文明（文化）的发生期、发展期及鼎盛期在时间和程度上存在着差异，因此，在一定时期内，对周围的弱势文化而言，强势文化必然会产生一种优越感。当这种优越感达到一定程度，强势文化感到自己有力量对弱势文化施加影响，甚至可以加以控制时，必然就会通过政治、经济、军事和外交手段在"一"的基础上建立"和"。"和"和"一"的关系达到最理想的境界的时期是唐太宗时期："自古皆贵中华，贱夷狄，朕独爱之如一，故其部落依朕如

---

① 杨晓林. 从"夷"到"他者"——中国文学中"异"的形象学分析［D］. 广西师范大学，2002.

父也。"①

关于中国古典性形象问题，王一川先生的论述极为精辟和独到，他认为在鸦片战争前的中国自我对自己作为"中原"的主人的中心地位和权威深信不疑，自信地称自己为"夏"，而处在边缘的他者总是野蛮或相对弱小的少数民族，被称为"夷"。王一川先生也清醒地认识到正是因为有了他者这"镜像"，自我的位置和权威才得以确证。他还从文化理论的视角把"华夷之辨"概括为我强他弱式的文化图式。从文化交流来看，中国古代"华夷之辨"的文化机制主要是一种内部分野，汉唐时期域外的佛教被儒家思想同化，天主教在明清时期遭到拒绝或被迫"化耶为儒"，这些来自儒家文化圈外部的文化对华夏文化影响甚微。因而，撤除佛教、基督教等外来宗教影响，中国古代的"华夷之辨"更大程度上是一种内部分野。从上述文学作品的"华""夷"表层关系来看，仿佛对立冲突不可调和。实际上，中国古代华夷之间的关系往往通过"接触→冲突→交流→适应→整合"五个阶段而不断演进归于融合，到近代，便统一到中华民族这个族群之中，"华""夷"之间你中有我我中有你，都属于中华民族的范畴。在近代，随着世界视野的引入，"华夷之辨"具有了崭新的内涵，由内部分野演变为内外分野，中国传统意义上的"华夷之辨"观念逐渐消亡。

三、中国文学古典性"他者"形象实质："对象化的自我形象"

文学形象具有投射性特征，也就是文学作品中通常谈到的"影射"的手法。作品的投射性往往是作家主体欲望的投射，也就是说，作家在他所创作的作品中，会把自我形象有意无意地投射到异族或异国形象上。如前所述，这样的例子有很多。"一种

---

① 杨晓林. 从"夷"到"他者"——中国文学中"异"的形象学分析 [D]. 广西师范大学，2002.

文化对另一种文化的知识和想象，经常是该文化自身结构本质的投射和反映，它意味着该文化自身的本质与现实之间出现了断裂，于是就以想象的形式投射到异域文化中去，这种异域形象实际上渗透着自身内在的本质形象。"一般来说，当形象塑造者一方的文化大大优于被观察者一方的文化时，形象塑造者会产生强烈的自我投射，把自身的某些文化信息附加到他者身上。① 中国古典文学中"夷"的套话所包含的"他者"群像，在文化互视的过程中，由于创作者持"华夏文化中心主义"的立场，蛮夷形象往往被华夏文化所同化，成为华夏文化的影射，其实质成为"对象化的自我形象"。

从"自我"与"他者"的分野来看，"华""夷"分野更多地表现为一种内部分野。中国古典文学中"夷"的套话，主要是对鸦片战争以前异域"异族"等众多"他者"形象的习惯性称谓。而这些异域形象大都处于古代中国（中原）的周边，这些异族主要是处在边缘地带的各个民族，即所谓的"东夷西戎南蛮北狄"。从文化交流与融合来看，华夏文化在中国古代占据主流态势，"华夷之辨"的"华"往往以强势文化的"大自我"形象出现，而"夷"以"小他者"形象，在很大程度上作为华夏文化的映衬而存在，其实质为华夏文化的"对象化的自我"。当然，回顾世界文明，中国传统的儒家文化源远流长，从来没有断绝，而作为西方文明源头的古希腊文明不能像中国传统儒家文化那样同化周边的文化而出现断裂，这不仅是因为以儒家为主体的中国传统文化具有强烈的文化自信力，还因为中国的传统文化是一种具有强大包容力的文化。

中国屹立在亚洲的东方，国土面积与欧洲相近。回顾西方文明史，在历史上欧洲分裂成了许多的国家，交织着不同种族、宗教、语言文化的对立与冲突。中国历史上几次大一统形成了恒常统一的政治格局，而在文化上儒学传统更是从未断绝。周边蛮夷

---

① 张志彪. 中国文学中的日本形象研究 [D]. 兰州大学, 2007.

逐渐融合于华夏族群，包括佛道等各种宗教逐渐合流，语言文字也陆续相通，这与儒家思想的包容性有着极大的关系。中国的传统文化以孔孟等儒家思想为正统，生活在这种环境中的蛮夷，在长期的文化接触与交流中，会逐渐地忘却了种族、宗教、乡土及语言文字的种种差异，融入华夏文明当中。中国传统文化典籍"四书五经"很早就阐述了儒家文化的包容性传统，《诗经·小雅·北山》中说道："普天之下，莫非王土，率土之滨，莫非王臣。"《论语》中提出"四海之内皆兄弟"的文化交往理念。《中庸》说："天之所覆，地之所载，日月所照，霜露所坠，凡有血气者，莫不尊亲。""中国"之所以能做到四夷向化，确实是"夷而进于中国，则中国之"的文化力量使然。即便是异族君王或入主中原的少数民族政权，也都以尊儒为荣。鲜卑族魏孝文帝、女真族金世宗、蒙古族元世祖、满族康熙大帝，他们与汉族的贤帝明君一样，尊孔重儒，努力向化，融入华夏文化之中。从先秦时代的文化自然力到汉唐等几次大一统所形成的文化自信力，华夏文化以儒家文化为主体，形成了强大的文化包容力，让周边的蛮夷得以同化，而这些蛮夷的形象，体现在历朝历代的文学作品中，表达差异性的"他者"内涵逐渐弱化，很大程度上成为华夏文化这个"大自我"的文化确证，"夷"的实质成为"对象化的自我形象"。

第二章 中国文学近代性"他者"形象出场

延续 2000 多年的中国传统华夷观念受鸦片战争的影响，开始了近代转型。受文化观念影响，中国文学的"异域"形象也随之发生转型，中国文学古典性他者形象向近代性他者形象转型。鸦片战争以前，中国古典文学中的异域形象主要是以蛮夷为代表的"异族"；鸦片战争之后，随着西方侵略者的强势侵入，"华夷秩序"崩溃，中国文学中的异域形象发生深刻嬗变，由"异族"转型为"异国"，异域形象由古典性他者"夷"过渡到近代性他者"西方"。这些他者形象以侵略者的姿态强势出场，不同于中国古典文学中基于华夏文化中心主义的古典性"小他者"，而是以西方工业文明为特征的"大他者"。根据形象学研究中他者与自我的互动关系，伴随着"大他者"的强势出场，曾经的"大自我"急剧坠落为"小自我"。在古近之交的文化转型过程中，作为中国文化主体的先进的人文知识分子不可避免地陷入对"大他者"文化的焦虑，在保持文化自尊心的同时不断地进行文学探索和文化选择。魏源作为生活在这个时期的启蒙思想家和文学家，以睁眼看世界的眼光进行了艰苦而卓越的文化探索。

第一节 中国文学近代性"他者"形象产生的 背景："华夷秩序"的崩溃

中国古代，由于世界地理知识的缺乏，人们以为中国是世界的中心。传统华夷观成为中国古代的思维定式，把它作为处理

"中国"与周边民族关系的基本原则，形成了以华夏文化为中心的天下观。这种天下观以华夏文化为主体，华夏族与周边蛮夷经济文化交流频繁，且兼容并包，文化融合成为主流；具有开放性特征，表现为一种以华夏文化为中心，向周边辐射的文化态势。但是，这种天下观随着时代的发展，愈发表现出它的局限性。由于视野的局限以及自我认识的偏颇，在传统华夷之辨的观念中，习惯上把世界只划分为"华""夷"两极，居于中原的为华夏，周边的异族皆为夷，因而有"内夏外夷"的地域文化区分，加上中原文化发展优于蛮夷文化，所以又有"贵华贱夷"的文化态度，中原统治者往往主张"用夏变夷"来实现文化的融合。华夷之辨观念以"华夏中心"为认识基点，认为华夏文化优于周边夷、蛮、戎、狄等少数民族文化。鸦片战争之后，传统华夷之辨观念的局限性明显地表现出来，这主要是因为"夷"的内涵发生了深刻的变化。1840年鸦片战争的爆发是区分"夷"的内涵的重要的时间节点，以此为界，此前由于地理知识的局限及华夏文化没有失落，"夷"主要指的是"异族"，即与"华夏""诸夏"等同时存在的周边"蛮夷"等族群；此后，由于西方列强入侵，国人对世界地理和西方国家有了初步认识，"夷"的概念随之发生变化，由"异族"转变为"异国"。

一、鸦片战争之后"夷"的内涵变化及其成因

从西周到鸦片战争之前，传统华夷之辨观念中的"夷"主要是指与"华夏"并存的周边"蛮夷"。鸦片战争爆发，带来了中西文化大碰撞，也让中国遭遇强劲的敌人——"西方"，"西方"列强已不能与过去的"蛮夷"同日而语，它给中国带来强烈的震动。传统华夷秩序语境中的历代"他者"，主要指周边的"异族"，如"东夷西戎南蛮北狄"等，与中国（中原）相比，他们的总体文化实力较弱。当然，他们当中也有曾经能一时以武力"征服"中国（中原）的蒙古族和满族，他们建立了中国历史上的元朝与清朝，但是在政治与文化发展的主流上，他们与汉民族

相融合，最终还是被以儒家文化为核心的中原文化所同化，成为中原文化的皈依者。如果鸦片战争前的"夷"只能算司空见惯的"小他者"，那么，鸦片战争后的西方列强以侵略者的姿态出现，就是空前未遇的"大他者"。由于传统华夷观念深入人心，"中国人自以为是人世间唯一的主人"，即便当16、17世纪开始与欧洲人接触时，欧洲文明先进且讲究礼貌，并没有表现出侵略者的粗暴与强力，因而中国人也习惯性地认为他们与以前的夷狄一样，称他们为"夷"，并未感到有多大的不安。但鸦片战争后，西方列强以坚船利炮长驱直入，中国人终于感到强烈的震惊，乃至于在面对鸦片战争带来的巨变时，李鸿章惊呼中国社会遭遇了"三千年未有之变局"。因而，鸦片战争前"夷"的内涵主要是华夏周边的少数民族，是被华夏文化同化的对象；鸦片战争后，"夷"的内涵已经悄然发生变化，更多指向西方列强，以侵略者的姿态出现。然而，要分析鸦片战争后导致"夷"的内涵发生变化的原因，主要有在以下几个方面：

首先，世界视野被引入，华夷之辨的传统地域格局被打破。即便"礼仪"是区分"华""夷"的核心要素，但古代交通不便利，地域上的阻隔也影响了礼仪的传播与交流。因而，具体方位或地域关系成为传统"华""夷"之别的首要表征，比如"内夏外夷"就是对华夷"中形"与"边缘"地域关系的概括。如前所述，"夷"最开始指生活在中原以东的诸多民族或国家，比如"东夷"。传统思想观念中的"华夏"即"中国"，地处中原，有"中央之国"的含义。所以"华夏族"人又自称为"中国人"。许慎的《说文解字》中也谈到"夏"就是中国之人。段玉裁也认为"中国之人"在地域上有别于北方狄、东方貉、南方蛮闽、西方羌、西南焦、东方夷。因而中国古代，与"中国之人"相对应的所谓的"夷狄"，被看作是对有别于"华夏"族的边缘地区各少数民族的笼统的习惯性称谓。因此，"华""夏"与"夷"的区分首先是一种地域概念或层面的区分。沿着这一思维定式出发，中国历代统治者及思想家认为中国乃世界中心。而鸦片战争前后，随着世界地理知识的引入，世界万国林立，很显然中国不是世界的中心，而周边众多的异国也不能与过去的异族相提并论，因而，华夷之辨的传统观念已经失去了原有地域区分的基础。

其次，西方列强入侵，传统华夷之辨的政治格局遭遇挑战。传统华夷之辨不仅从地域格局来区分"华夏"与"蛮夷"，还从政治层面上来区分"华夏"与"蛮夷"。在中国历史进入奴隶制社会的进程中，一套与之相适应的天下政治理论体系也逐渐成熟。天子为最高统治者，其所居住的地方自然是天下的最中心，也是政治中心，并以此向四周扩展，随着距天下之中心越来越远，政治上的封建等级也越来越低。比如，从京畿向四周扩展，依次是等级渐低的诸侯，最远处就成了各夷狄所居住的部落。《春秋公羊传》阐述了"内夏外夷"的政治文化格局，具体表述为"内中国而外诸夏，内诸夏而外夷狄"。为了维持这种稳定的政治文化格局，在中国历代政治文化体制中，统治者都会制定与之适应且极为严格的保障制度，从周朝的"五服制"开始，这种格局就得以维护。鸦片战争爆发后，清政府暴露出其软弱无能，特别是随着《南京条约》及其后的一系列不平等条约的签订，中国进入半殖民地半封建社会，中国传统的华夷之辨的政治格局受到了严重挑战。

再次，西方文化强势侵入，传统华夷之辨的文化机制受到冲击。"礼仪"是传统"华夷之辨"的核心要素，也就是说"华夏"和"蛮夷"更重要的区别是在文化礼仪上。孔子认为礼仪决定族群性质，他说："诸夏用夷礼则夷之，夷狄用诸夏礼则诸夏之。"可见在孔子的思想观念中地域和政治结构并不是"夏""夷"的根本区别，文化礼仪才是。孟子则以尊礼仪的华夏圣人为例来论证"夷""夏"之别，他的相关论述说道："舜生于诸冯，迁于负夏，卒于鸣条，东夷之人也。文王生于岐周，卒于毕郢，西夷之人也。"按文化礼仪来说，舜、文王可谓华夏圣人，如果按种族来划分，他们便成了"夷"人了。而且，还应当认识到这种观念的出现在各民族文化交往中是具有历史进步性的，为华夷之间的文化交流与融合奠定了理论基石。当然，文化上的优劣判断标准也会在这种观念背后产生。自尊奉周礼以来，华夏族自视拥有最优秀的文化，而将其他民族看成是几乎处于蒙昧状态未开化的族群。《汉书》中有描述："夷狄之人，贪而好利，被发左衽，人面兽心。其与中国殊章服，异习俗，饮食不同，言语不通，辟居北垂寒露之野。"这种观念长期得到强化，"天朝上国""万邦之主""天下之中央"等思想也衍生出来。在这些观念的影响下，周边民族或国家与"中国"的各种交流行为被称为"朝贡"，朝贡关系在本质上是有等级限定的，实际上是"尊夏贱夷"观念的实践。冯友兰也认为"华夏"与"夷狄"的区分是从文化而非从种族上来强调的，从先秦以来就是这样。中国人传统观念中的生灵分为三种，即华夏、夷狄、禽兽。根据其文明开化程度，华夏排第一，为最开化民族；其次是夷狄；禽兽排最后，则完全未开化。由于这些观念的影响，中国人乃至于在十六、十七世纪与欧洲人接触时，还视之为与以前一样的夷狄，还以"夷"相称。此时的中国人还沉浸在华夏大自我的迷梦中，对外来的欧洲人并不感到多大的不安，只要他们遵循中华礼俗即可。然而，近代情况的新奇之处不在于存在着不同于中国人的人群，而在于存在着不同于中国文明的文明，而且这种文明同中国文明有相等的力量和重要性。中国历史上只有春秋战国时期有与此相似的情况，当时的各国虽不相同，但是文明程度相等，互相攻战。中国人现在感觉到是历史重演，原因就在此。① 鸦片战争后，中外签订的不平等条约中不再以夷称谓外国，可是一发现欧洲人具有的文明虽与中国的不同，然而程度相等甚至超越时，这就开始感觉不安了。②

---

① 冯友兰. 中国哲学简史 ［M］. 北京：北京大学出版社，2012.
② 张志彪. 中国文学中的日本形象研究 ［D］. 兰州大学，2007.

二、鸦片战争后文化交流的转向

鸦片战争爆发，西方列强以侵略者的"大他者"形象强势出场，夷的内涵发生深刻变化，"蛮夷"与"华夏"在共同面对西方列强的入侵时，曾经以地域、政治、文化加以区分的"华""夷"已经统一为"中华民族"。曾经的"华""夷"之辨逐渐转化为"自我"（中华民族）与"他者"（西方列强）之辨。中国文学中的"异域"形象也由"夷"转型为"他者"，由"异族"转型为"异国"。根据文学与文化交流的关系，中国文学中的"异域"形象总是会受到文化交流的影响。鸦片战争后，"华""夷"之辨观念下的文化交流演变为"自我"与"他者"互动观念下的文化交流，并表现出不同的文化交流特征，这也势必会深刻影响中国文学中"异域"形象的近代转型。

（一）鸦片战争前华夷之辨观念下的文化交流

"夷"或"蛮"的观念本为传统思想"华夷之辨"观念的产物，在漫长的封建社会中，这种思想也逐渐融入文人的思想意识中，在中国古代文学中，很明显能看出这种观念的影响。① 如果从形象学视角来探析"夷"的内涵，它的文化意义非常丰富，但具有明显的类型化特征。如前所述，"夷""蛮"这些概念，不管从地域、政治还是文化上，都代表着落后与不文明。在地域上，"蛮夷"常处荒芜僻远之地；而在政治上，"蛮夷"处于政治边缘而非中心区域，与主流政治经济存在一定的差距；在文化上，"蛮夷"则含有未开化、野蛮之意，往往寻求对主流文化的皈依。应当注意的是，在形象学研究的视野中，"夷"已具备了形象学中套话的功能。中国古代文学中"夷"的套话形成和发展于"华""夷"长期的文化交流中。在中国传统文化中，基于华夏文化为主体的内部分野，在"华""夷"互视的过程中，以"华夏"为中心，"夷"往往被蔑视。鸦片战争前"华""夷"文化

---

① 张志彪. 中国文学中的日本形象研究 [D]. 兰州大学，2007.

交流几乎是单向式的由华到夷的交流，这种文化交流在一定程度上限制了中国对其他外来文化的吸收与融合，也成为长期"天下中心"观的文化心理基础，其特征表现如下：

第一，具有鲜明的"华夏文化中心主义"特征，即"我族一切皆优于他族"。这种观念的形成主要有两个方面的原因。一是现实环境的原因，中国土地广袤肥沃，物产丰富，人口众多，例如唐宋时期中国高度发达的文明与中世纪野蛮粗俗的欧洲文明相比较，不可同日而语，中国文化中强烈的优越感便油然而生。另一方面，中国历史上轻视科学、交通落后所导致的自我闭塞观念也是形成这种优越感的重要原因。由于地理知识的欠缺，古代中国人认为"天圆地方"，中国是世界的中心，对世界上的其他国家和文明了解甚少，明代耶稣会士东来之前的历代统治阶级都自以为中国居世界之中央，占地甚广且大海环绕，旁边并无其他大国。根据中国古代史地学记载，中国人对世界的认识范围大约东至日本、菲律宾，西抵南欧洲和北非东岸，南到印度尼西亚，对在此之外的其他地区多依稀恍惚，不甚明确，往往以海洋表示。历史上有个最为典型的例子：1793年英国派使者马戛尔尼访问清朝，乾隆皇帝迫使英国使者行"三跪九拜"之礼，英国使者没有遵从而被驱逐。在驱赶的敕令中提到"天朝抚有四海，德威远被，万国来朝，种种贵重之物，梯航毕集，无所不有，……并无更需尔国制办物件"等语。中国不仅是世界地理中心，更是政治文化的中心，"夷"不仅有边缘的意思，更含有低等、劣等的意思，而且这些观念成为一种习惯性的思维定式。

第二，在文学描绘中，对异域的想象以同化为主，也有异化的形象。因为坚信自己的文明独步天下，文学作品中想象的异域形象以同化的形象为主。当然，中国古代文学作品中也存在异化的异族形象，以日本为例，唐前日本人或被想象为长寿不死的仙者，或被想象为人身狗头的异类。而且对异域的描绘充满想象，比如把日本的山水描绘为传说中的海外仙山，根据中国哲学中"东方属木"的观念，由于日本在中国东方便推想日本本土多木。

这种推断虽然与现实存在一定的契合度，但这并不是以现实为依据的，也没有经过考察予以证明，完全是基于自我文化为中心的想象。关于日本的生活习俗的描述，中国古代文学中也是以同化为主，认为日本人长期以来向中国学习，他们的生活习俗应该和中国人极为相近。事实上，这种盲目性想象背后隐含着强烈的文化同化目的，坚持以中国文化为中心，化夷为夏。中国古代文学中的日本形象，不管是"多山"的地理环境还是"仙人"或"兽类"等异族形象，这都不是真实的日本自身形象，这仍然是文学想象的结果。宋代文学中也有对于日本产珍宝的描绘："倭国有阿苏山，其石无故火起接天者，俗以为异，因行祷祭。有如意宝珠，其色青，大如鸡卵，夜则有光。新罗、百济皆以倭为大国，多珍物，并仰之，恒通使往来。"中国几次大一统形成的政治文化强大繁荣的格局无疑对周边民族、国家产生深远的影响，但是，以历史发展的眼光来看，周边国家和中国同在进步，而在"夷"的观念下，外夷的进步被中国强势的文化语境所遮蔽，以至于视而不见，也往往忽视了取"夷"所长补己之短，这在一定程度上形成了对自我认识的一种桎梏。

第三，在相互的文化交流过程中，被称为"夷狄"的周边民族或国家基本上被视为"华夏"施恩的对象。在鸦片战争以前"华夏"与"夷狄"交往的漫长岁月中，"夷"文化总体上劣于华夏文化，华夏文化作为具有强烈优越感的强势文化出现，而包括其具体技艺及生活方式的夷文化往往被华夏文化蔑视。即便是与中国来往比较密切的古代日本与朝鲜，中国都视它们为"厚往薄来"的施恩对象，在商贸经济关系以及使节往来中，中国皆以高高在上的姿态出现。据历史记载，日本僧人和朝鲜学者可以入唐朝考取功名，且可以在唐代长安落户数十载。在文化交流中，王维、李白等都结交了不少的日本友人，并给日本友人写过送别诗。日本和朝鲜的使者把从中国学到的知识、技能传播给自己的国家，可以说唐代的中朝、中日关系是相当的和谐。但是，在那时的中外文化交流过程中，往往是由中国向周边国家单向式地输出文化，中国人并没有意识到有向邻邦学习的必要，总是以君临天下行教化之道的姿态出现。还比如在宋代，中国人对日本绘画不屑一顾的态度也能说明这一点，据宋代《宣和画谱》记载，当时的中国人认为像日本这样受恩于华夏文化的国家，能够有绘画艺术已经相当不错了，如果要讨论绘画技艺的高下那日本自然是不能和中国同日而语了。但是，回顾那个时代中日的绘画技艺，日本绘画中还是有很多值得中国人学习的地方的。

在"华""夷"几乎单向式的文化交流中，几次大一统形成了华夏高度发达的文明，中国文明以傲然独立的姿态处在文化中心的位置，在与周边民族（或国家）的交往中将自身文化向四周传播。这符合强势文化向弱势文化传播的规律，长此以往，在中外文化交流中便形成了一种以中国文化输出为主的局面，而且让中国人沉浸在文化自足的迷梦中，非常不利于中国自身文化的发展更新。当然，中国历史上也出现过与周边民族或国家相互交流、学习的局面，例如唐代统治者通过联姻等文化交流形式，融合了中原文化、关陇文化及西域文化等多种文化，形成了唐代发达繁荣的文化景象。但是相对于漫长的文化交流史，特别是随着陆上丝绸之路的凋敝和封建王朝闭关政策的施行，这样的文化交流就显得过于短暂。在与周边民族及国家的交往中，古代中国形成了以华夏文化为中心的世界观——华夷秩序，认为世界构成为"自古帝王临御天下，中国属内以制夷狄，夷狄属外以奉中国"。唐代的开放的文化格局不再，中外文化交流中统治者闭目塞听成为常态，随着鸦片战争的爆发，这种华夷秩序及其所导致的闭关锁国政策势必会成为文化自我发展的束缚，华夷秩序面临着必然崩溃的结局。

（二）鸦片战争后"自我-他者"互动体系下的文化交流

鸦片战争使得"华夷秩序"的文化格局失落，一方面是因为在地域上出现了"西方"，让中国人从"天下中心"的迷梦中清醒；另一方面是因为在世界文化格局当中出现了一种比中国文化更为发达的强势文化——西方文化，而且这种文化不请自来直接对中国文化形成政治及文化的冲击。西方侵略者以鸦片和坚船利炮打破了中国的大门，延续两千多年的"华夷秩序"天下观逐渐失落。西方列强的入侵不仅带来文化危机，而且带来强烈的社会危机。鸦片战争对"华夷秩序"直接形成挑战，国门被动地打开，新的世界观念逐渐形成。鸦片战争前，在"华夷秩序"统摄下，"华""夷"之间的文化交流基本上是"夏-夷"单向式的交流，并没有形成良好的"自我-他者"互动的文化交流体系。鸦片战争改变了传统文化交流格局，面对"三千年未有之变局"，敢于担当的先进知识分子一方面对国家所面临的社会危机感觉忧心忡忡，另一方面对古今之交的文化危机进行反思与探索。一批先进的知识分子，诸如魏源、林则徐、徐继畬等通过著书立说来介绍和传播西方文化，在自我与他者的互动过程中，中国人对"他者"的态度发生了根本性变化，"夏-夷"的单向式交流不再适用，世界视野中新的"自我-他者"互动文化交流方式占据主导地位，中外文化交流呈现新的格局。而鸦片战争时期及战争结束后较早的时代中，这种文化交流主要是以中国被动地接受为主的，因为这个时期，西方文化是以侵略的方式强势输入的。

首先，随着世界史地学知识的引入与认同，新的世界观念得以确立。从明末意大利人利玛窦带给中国第一幅世界地图开始，到欧洲人《地理大全》的传入，再到林则徐主持编译《四洲志》并嘱魏源编撰《海国图志》，传统的华夏"天下中心"观完全被打破。当晚清朝廷面对强大的西方世界时，原有的"天圆地方"的史地学知识已经无法继续指导人们去认识和理解全新的世界。而且，鸦片战争前世界史地学知识是被动接受的且往往被人忽视。鸦片战争后，林则徐、魏源等人开始主动地了解和认识新的世界，林则徐被称为中国近代"睁眼看世界的第一人"，而魏源是其追随者，是睁眼看世界的中坚力量。随着世界史地学知识的引入与认同，传统"华夷秩序"也被动地解体。究其原因，这一方面是"华夷"观念的自身缺陷导致的，文化发展的规律告诉我们"世界文明的发展是各种文化交流互融的结果"，而"华夷"

观念严重地阻隔了这种交流；另一方面，"华夷"观念所构想的世界格局并非真正的世界格局，是以华夏为中心的狭隘的世界格局。因此，当构想世界之"外"的文明突然闯入并强行改变既成的秩序或规范时，构想世界自身的解体就成为历史的必然。新的世界观念或秩序，自然建立在新的认识基础上，从本质上看，正是这种新的世界观念的确立，才使延续千余年的"华夷秩序"彻底瓦解。①

其次，文化区分由内部分野转变为内外分野，文化交流过程中互动作用增强。根据比较文学形象学理论，"自我"与"他者"是一组相对的概念，可以说，一个完整的自我形象当中也应当包含"他者"形象的要素。法国比较文学著名学者巴柔认为："所有的形象都源于一种自我意识（不管这种意识是多么微不足道），它是对一个与他者相比的我，一个与彼处相比的此在的意识。"②在传统的"华夷秩序"中，华夷文化的区别是一种内部分野，华夏中心观念深入人心，中国不需要确立自我形象，中国自认为是世界的中心，一切皆走在世界的前列。鸦片战争后，华夷秩序逐渐解体，中西文化的分野是内外分野，已经大异于传统华夷观。"他者"成为"自我"的镜像，况且，此时"夷"的内涵已经由以"异族"为主转型为以"异国"为主，也就是说，基于华夏中心的"夷"将成为历史，中国所要面对的是整个世界，自我形象的确立就成为势在必行的事。因而，在解决社会问题的同时还有进行文化启蒙的必要。所以说，"华夷秩序"被动解体后，对自我形象的确立需要主动去探索。只有在世界文化格局中，确立了自我的地位和形象，在和其他国家交往时，才会形成真正意义上的文化交流。因而，鸦片战争之后，中国形象在世界文化格局中的定位是一个值得探索的问题。

再次，在与他者的互动中，文化交流中自我的地位得以确

① 张志彪. 中国文学中的日本形象研究［D］. 兰州大学，2007.
② 张莉."沉默"的言说［D］. 中央民族大学，2011.

立。鸦片战争爆发之前，在传统的"华夷"观念体系中，虽然"中国"与周边民族或国家之间存在一定范围内的文化交流，但这种交流经常处于一种不对称状态，前文已经谈到，几乎是由华到夷的单向式交流，华夏文化乃"天下中心"，其文化影响力呈辐射状态向周边递减。华夏文化作为强势文化，是文化的输出方，在交流过程中也很难从相邻民族或国家那里获取新鲜血液。鸦片战争后，传统的华夷观念面临解体，中国在与周边民族或国家的交往中，首先是华夏文化"万邦中心"的地位受到冲击将不复存在；其次，由悠久历史和辉煌文明所积淀的唯我独尊的文化优越感将失落；再次，文化交流由"华-夷"单向传播转型为"自我-他者"双向互动。因而，文化自我地位的调整与确立尤为必要，曾经的华夏文化这个大自我随着西方列强这个大他者的强势出场，开始急剧坠落为小他者。自我地位的确立使得文化交流在一个相互促进的平台上完成，而在这个过程中，中国也在与西方列强这个大他者的互视中努力从历史上的"古典形象"向"近现代形象"过渡，以获得平等对话的权利。

王一川教授认为，鸦片战争之前的中国文化享受着作为世界中心的古典性荣耀，在自我与他者关系中处于相对充足或完满状态，并没有遭遇到真正的中国形象难题。先秦以来的自我与他者的关系是一种主客同盟的关系，"中国"为主人，外来他者为客人。而且，在那漫长的岁月里，"中国"人对自己作为"中原"主人的中心地位和权威深信不疑；同时，在这位自我看来，作为客人的边缘他者总是野蛮、弱小和低级的少数民族，即属于"夷"。中国文学古典性"他者"形象常常被辉煌的"自我"所遮蔽或同化，"夷"的套话常常被看作是对弱势民族的习惯性称谓。由于这种明显的主客权力差异，自我才可以具有足够的自主和自信，可以"虚怀若谷"地向外来他者开放。其实，也正是由于有了他者这面"镜像"，这位自我的位置和权威才得以确证。所以，这里的"自我-他者"是相互依存的。鸦片战争爆发，传统的华夷秩序崩溃，华夷观失落，夷的内涵发生变化，"华夏-夷狄"观转化为"自我-他者"观，文化交流由华到夷的单向交流转型为"自我"与"他者"的互动交流。

第二节　中国文学近代性"他者"
形象的表现及特征

伴随着传统华夷观念的失落，中国文学中的"异域"形象也发生了转型，由"异族"的古典性他者转型为以"异国"为主的近代性他者。考察中国近代文学的发展概况，近代性他者形象"异国"在不少的作品中均有出现，表现了中国人对世界的新的认识，和对自我与他者的关系的重新思考。鸦片战争后，在"自我-他者"文化交流语境中的"异国"以侵略者的强势形象出现，其称呼也逐渐地发生变化，由传统的"夷狄"转变为近代的"洋人""洋货"等，伴随着这些形象的出现，也带来了强势文明对弱势文明的压迫感。因而，这种他者形象给中国近代先进的人文知识分子带来焦虑，让他们产生危机感，并促使他们在文化视野上积极开拓、思想观念上积极进取，在危机中探寻走出文化困境的出路。

一、鸦片战争后中国文学中的"他者"形象

（一）"大他者"的强势出场

有别于东方起源于大河大江流域的内陆农业文明，西方文明以古希腊外向型海洋文明作为文化的源头，从一产生开始，它就具有向外探索的开放性，注重个体的冒险与开拓精神，崇尚求知与欲望。而经历了文艺复兴、宗教改革之后，特别是随着西方工业文明的兴起，西方文明发展到成熟阶段。基于传统的扩张性的商业文明与近现代耗弃型的工业文明相融合，成为西方文明成熟阶段的基本模式：对外实行殖民掠夺，对内进行残酷压榨，迅速地实现资本主义的原始积累。从15、16世纪开始，西方文明逐渐

取代东方文明成为世界文明的轴心。从 18 世纪下半叶开始到 19 世纪上半叶，西方列强先后完成了工业革命，海洋文明及商业文明的扩张性本质，使得它们疯狂地进行海外殖民扩张，进行商品输出并抢占原材料产地，相比强弩之末的大清帝国，它们的经济、军事等实力已经遥遥领先。而中华文明发源于地理条件相对优越的内陆大河大江流域，在经济上，以农业文明为主，长期采取自产自足的封闭的小生产方式，轻视工商业；在政治上，以君主专制为核心，强调家国同构的伦理机制；在社会生活上，强调以自然形成的家族血缘关系为基础的伦理道德与群体意识，尊崇宗法家长制权威；在发展状态上，以儒家文化为核心，在政治和文化心理上表现出高度的凝聚力以及强大的道德伦理的磁场效应。这种文化也属于马克思所谓的"亚细亚生产方式"的东方文明范畴，而这种封建专制文明在长期的发展过程中呈现出凝滞而迟缓的发展态势，以至于在 18 世纪后半期以后，无法与西方文明相抗衡。

衡量自我的强与弱，需要与一个参照物相比较。鸦片战争前作为中华文化参照物的"夷"，其文明程度整体上弱于中华文化，如果说华夏文化是"大自我"，那么，"夷"就是"小他者"。而鸦片战争之后，由于航海技术的发展以及工业文明的兴起，西方列强（包括西化了的日本），借助坚船利炮从遥远的欧洲进入中国沿海门户，以热兵器叩开了中国国门，清朝政府被迫签订了屈辱条约。作为中华文化"自我"的一个新的参照物，西方列强这个强大的"大他者"映衬出的是一个相对落后的"小自我"。鸦片战争中的西方列强，可以说是中国生平未遇的劲敌。历代文化中的"他者"，即所谓的"东夷西戎南蛮北狄"，其文化实力弱于"中国"，被"中国"文化的强力所"同化"，成为"中国"文化的皈依者。如果说过去的"夷"是"小他者"的话，那么，古今之交的"西方列强"就是"大他者"。由于华夏中心主义的影响，"中国人自以为是人世间唯一的主人"，所以当明末清初开始与欧洲人接触时，习惯性地认为他们也是如夷狄一样的小他者，并没有感觉到威胁；可鸦片战争爆发后，发现西方列强的残暴与野蛮时，国人们终于开始感觉到"不安"了。在面对鸦片战争带来的巨变时，李鸿章惊呼中国文化遭遇了"三千年未有之变局"，可见中国近代之巨变是前所未有的。

梁启超在《少年中国说》中形容中国古代之辉煌成就："立乎今日以指畴昔，唐虞三代，若何之郅治；秦皇汉武，若何之雄杰；汉唐来之文学，若何之隆盛；康乾间之武功，若何之煊赫。历史家所铺叙，词章家所讴歌，何一非我国民少年时代良辰美景赏心乐事之陈迹哉!"① 同时，梁启超对中国近代的衰颓也进行了描绘："而今颓然老矣，昨日割五城，明日割十城，处处雀鼠尽，夜夜鸡犬惊。十八省之土地财产，已为人怀中之肉，四百兆之父兄子弟，已为人注籍之奴……"乃至于发出"凭君莫话当年事，憔悴韶光不忍看"的感叹。梁启超认为晚清社会病入膏肓，大清帝国犹如百足之虫，死而不僵，但气息奄奄、与鬼为邻的日子为时不远。1820年道光即位后的吏治更为腐败，贪腐横行，作为三朝元老的武英殿大学士曹振镛，认为为官之道，在于多磕头少说话。上行下效，晚清官场风气窥此一斑可知全豹。

中国在明朝中后期就已经产生资本主义的萌芽，然而重农轻商强本抑末的所谓国策，抑制了资本主义的发展。清朝政府坚守"闭关自守"的政策，导致孤陋寡闻而妄自尊大。即便是在清初康乾盛世，大清统治者也闭目塞听，他们认为世界上不存在五大洲，意大利人利玛窦在《万国全书》中描述的内容是荒谬的，乃至于在编修明史之时把这种看法也写入其中。清中叶一些描述域外的著作都被人嘲笑，比如阮元的《天象赋》《畴人传》、徐继畬的《瀛寰志略》等，都被认为荒谬莫考。如此等等，腐朽的"天朝"就好比西方列强馋吻下的一块肥肉。嘉庆二十一年（1816年），在武装船舰的护送下，英国驻印度总督阿美士德出使中国，

---

① 杨晓林. 从"夷"到"他者"——中国文学中"异"的形象学分析［D］. 广西师范大学，2002.

清廷还是以惯性思维来对待，以为远藩来贡，让相关衙役安排了恩赏日程，并规定外宾使者要行三跪九拜之礼。英总督阿美士德不愿意行此礼，就假装生病不予朝拜，英使的傲慢使得"天朝"君臣垂见"藩臣"的传统礼节遭到破坏，在一定程度上动摇了传统华夷秩序。虎门销烟中的林则徐遭遇调离，鸦片毒害了清朝战士的斗志。好赌博、逛妓院、下酒馆、斗鸡斗蟋蟀、雇人当差等成为战士们日常生活的写照，仰食于朝廷的恩赐，有何战斗力可言！自鸦片战争失败开始，清朝遭遇夷强敌可以说是节节败退。签订了一系列不平等条约，割地赔款成为常态。关于那个时代的中国形象，在近代的一些作品中也有间接的影射。比如在《孽海花》中对"奴乐岛"的描绘："终年光景是天低云暗，半阴不晴，……国民奄奄一息，偷生苟活。养成一种崇拜强权、献媚异族的性格。死期到了……还是醉生梦死，天天歌舞快乐，富贵风流，抚着自由之琴，喝着自由之酒，赏着自由之花……""奴性的国民""麻木的统治者"等形象跃然纸上，当时的国民大多数仍然沉浸在醉生梦死的迷梦中。

中西文化交往的增多以及视野和知识面的开拓，使得中国对"自我"与"他者"的认识发生转变，传统文化中的"大自我"观念受到近代"大他者"的强烈冲击，急剧坠落为"小自我"。在明代"大他者"的形象还是遥望而不可即的想象物，清末，作为"大他者"的西方列强则不请自来，并侵入大清帝国的肌体。西方列强的强大，超乎国人的想象，它们的出现令统治者感到危险，并令一部分先进的知识分子感到焦虑，但它们已经实实在在地进入中国，所以不论是统治者还是国民都应该从"天朝"的迷梦中警醒了。近代的"夷"已经由华夏周边的异族转变为涉洋架炮而来的"西方"，这前所未有的"大他者"形象确实令中华文化"自我"焦虑而不安。首先，它是"强大"的，西方列强强大的科技、军事及经济实力远超中华，相比之下，中华文化黯然失色；其次，它强大得令人"恐怖"，因为它全然冲破了"华夷之辨"的传统规则，直接以大炮轰开中国的大门，令自命不凡的大清帝国几无还击之力，从此面临着社会和文化的双重危机。由于国人视野的闭塞，这个强大而恐怖的大他者又是"陌生"的，它的强势出场超出了中国传统文化的逻辑规范乃至想象力的界限，使得中国传统文化中关于"他者"的一切见解都轰然间失去效力，从而使中国文化"自我"陷入了茫然而不知所措的境地。①例如在《孽海花》中，俄国大博士毕叶士克在会见金雯青（清朝赴德大使），与他讨论西方民主思想时，戏称中国民众如少不更事的孩子。他说："不是我糟蹋贵国，实在贵国的百姓仿佛比个孩子，年纪还幼小，不大懂得世事，正是扶墙摸壁的时候，他只知道自己该给皇帝管的，哪里晓得天赋人权、万物平等的公理呢！所以容易拿强力去逼压。"②相比中国国民，俄国国民的民主意识更强，他谈到"若说敝国，虽说政体与贵国相仿，百姓却已开通，不甘受骗……百姓是主人翁，皇帝、政府不过是公雇的管账伙计罢了"。当然，这样的谈话与比较，对满脑子忠君意识的封建官僚而言，无疑是骇人听闻的天方夜谭！

古典性中国形象的存在，基于如下假定：全部世界是已知的，自我与他者之间的"中心-边缘"等级制——"华夷秩序"是既定的和不变的。近代性的中国形象则是在上述假定崩溃后出现的，它建立在新的假定基础上：由于西方"大他者"的强势出场，世界变得陌生和令人恐怖了，自我与他者之间的"中心-边缘"关系颠倒成"边缘-中心"关系。③

（二）中国近代文学作品中的"洋人"形象

鸦片战争后，以华夏文化为中心的文化交流转变为以西方大他者为中心的文化交流，传统的"大自我"失落，傲慢的国人从"天朝"的迷梦中惊醒，迅速地陷入了极端的自贱。大他者的出现让曾经的大自我陷入茫然不知所措的境地，在新的"自我-他者"互动的文化交流场合，清朝统治者表现出不平衡、不正常的

①②③　杨晓林. 从"夷"到"他者"——中国文学中"异"的形象学分析［D］. 广西师范大学，2002.

心态，甚至迷失自我，找不准自己的位置。尽管在迷惘时会回想起过去万国朝贡的文化情境，脑海中呈现自主与自信的"中国"幻觉，而敌强我弱、落后受欺的残酷现实就摆在眼前，无法逃避，而且也不得不承认。因此在晚清的一些小说中，出现了不少让人好奇却又让人产生卑微之感的"洋人"形象。

李伯元在《官场现形记》中，较形象地描绘了晚清媚洋欺民的"两面派"官僚形象。这样的官僚在面对良民百姓时飞扬跋扈，而在洋人面前却是一副害怕和谄媚的嘴脸。在书中，一家大菜馆借助洋教的势力，挫败了地痞无赖和警察局老爷合伙的滋事与勒索。洋人一出面，老爷被吓得急忙让座，而且泡茶赔礼道歉；洋人临走时还派轿子相送。当普通老百姓（菜馆的伙计）看到此情此景，也总结出一条保全自己的法则："普通老百姓要想不被当官的欺负，加入洋教是最好的选择。"在书中第五十三回同样讲了清朝官员（制台）媚洋欺下的故事。开始这位制台宣称，凡是在我吃饭时，无论什么客人来都不接见。他手下一巡捕因洋人来见，向他通报，结果嫌当差的回得慢，给他一顿毒打，生怕因为手下人的疏忽怠慢了洋人。当了解到洋领事因他在领事馆旁边正法亲兵而兴师问罪时，他急中生智，诬正法的是扶清灭洋的拳匪，之所以在领事馆旁边正法，是为了"杀鸡骇猴"，以维护领事馆的安全，这样博得了领事的欢心。如此得过之后，该制台吓出一身大汗，正儿八经地吩咐手下人道，我吃着饭，不准中国人来打岔。至于外国人，随时可见，哪怕就是半夜里我睡了觉，也得喊醒我。他还为自己的机智感到庆幸，一副谄媚洋人的嘴脸活灵活现。

在吴沃尧的《二十年目睹之怪现状》中，第十四回写到大清帝国的南洋海军整个系统内部，由于贪污腐化，战斗力几近丧失。在中法战争时，战舰驭远号上的兵轮管带，远远地看到地平线上一缕浓烟升起，怀疑法国的战舰驶来，竟然把驭远号的水门打开让舰船自沉，带领众清兵乘舢板逃命，事后却禀报"仓促遇敌，致被击沉"，等等，真是让人哭笑不得。第八十三回写到叶军门捏报平壤败仗情形，且电告京津各处，实际上是他亲自写信通日把平壤拱手相送。与腐朽的清廷普遍患"恐洋症"形成鲜明对照的，是老百姓的同仇敌忾。张维屏在《三元里》中，表现了百姓的英勇无畏，而丢盔弃甲的洋兵洋将狼狈逃窜如丧家之犬。其中有诗云："三元里前声若雷，千众万众同时来。……众夷相视忽变色，黑旗死仗难生还。夷兵所恃惟枪炮，人心合处天心到，晴空骤雨忽倾盆，凶夷无所施其暴。岂特火器无所施，夷足不惯行滑泥，下者田塍苦踯躅，高者冈阜愁颠挤。中有夷酋貌尤丑，象皮作甲裹身厚；一戈已挿长狄喉，十日犹悬郅支首。纷然欲遁无双翅，歼厥渠魁真易事；不解何由巨网开，枯鱼竟得悠然逝。魏绛和戎且解忧，风人慷慨赋同仇，如何全盛金瓯日，却类金缯岁币谋？"[①]

　　清末的谴责小说，一方面揭露家丑，窥探官场隐私。光绪庚子赔款后，谴责小说盛行。自从嘉庆以来，清政府多次平定内乱，诸如白莲教、太平天国、捻军、回教的起义，却多次挫败于外敌，诸如英、法、日本等。戊戌变法失败，义和团之变，国人非常了解清政府的腐朽，并期盼其励精图治，所以在小说创作上，揭露其弊端，对于时政乃至风俗，严加纠弹。清末谴责小说，另一方面对外族异邦的憎恶、惧怕、敬畏兼而有之。李伯元在《官场现形记》中塑造了一位令人憎恶的洋人喀先生形象。山东巡抚窦世豪为了与洋人交涉方便，请受过高等教育的洋人喀先生做师爷。谁知道喀先生对衙门里的事务一窍不通，纯粹好吃懒做且薪水不能少，最后还以不交事权予他为由讹诈了一年的薪水（七千二百两银子）。这位洋人不但不学无术，而且是个无赖，令人憎恶。在书中，洋人形象的特点普遍趋于客观现实化。乃至列强侵入中原，有恃无恐，官府也无可奈何，还得赔着小心，且听之任之。在《官场现形记》中，当包讨债的洋人到乡下闹出人

---

　　① 杨晓林. 从"夷"到"他者"——中国文学中"异"的形象学分析 [D]. 广西师范大学, 2002.

命，出于民意同意出几百银子了事时，地方官却视百姓命如草芥，称中国人死了一百个也不要紧，如果要是打死个洋人那可不得了。认为中国人出钱给外国人是惯例，哪里见过外国人出钱给中国人的，认为洋人赔钱给中国百姓不妥。此番言论过后，还强压百姓息事宁人，生怕洋人找碴。《官场现形记》第五十七回中有一个洋人官司的故事。一位洋人在中国游历，无缘无故打死了一个中国孩子，被老百姓捆送到官府。而办理此案的单道台看到洋人就好比见到大老虎，通过与洋领事交涉，只判处洋人五年监禁。而洋领事还不满意，他的理由是中国有四万万人口，打死一个小孩子算不了什么。稍后洋领事还向总理衙门状告单道台，说这样的地方官软弱，以不能镇压百姓为由要求将其撤职。后来，单道台遭到撤换，来了一个更能顺从洋人意愿的官员。李伯元在《文明小史》开篇就讲了一个洋矿师为非作歹的故事。受总督之聘去湖南永顺府探矿脉的洋矿师逼迫柳知府将一座山岭廉价卖给他，这件事让老百姓群情激愤，洋人被迫逃离。柳知府以为事情就这样了结了，结果洋人借助各种权威不仅要挟勒索了三千两银子，还让有关部门罢免了柳知府，有关人员也被搞得妻离子散家破人亡。

正如许倬云在《我者与他者——中国历史上的内外分际》中所谈到的："鸦片战争起，洋船火炮，惊醒了中国，经过几次挫败，中国才了解，这些'外夷'，不容轻视。从此以下，几乎所有的'我''他'关系，都在改变……场合颠倒，'我''他'甚至易位，居于优势的'他者'，竟由'他'化'我'，取得了主位，而将失去适应能力的旧日'我者'，推入可以扬弃的'他者'之境。"[1] 在鸦片战争后的文学作品中，这种场合颠倒、"我""他"易位的描写还真不少，此时的"他者"形象与之前的"夷"形象不能够同日而语。

---

① 许倬云, 我者与他者——中国历史上的内外分际 [M]. 生活·读书·新知三联书店, 2010.

二、中国文学近代性"他者"形象的特点

要解读中国文学近代性"他者"形象特征，首先要对中国文学中的"近代性"与"古典性"加以区分和界定，主要从时代特质及文化特质等方面进行探讨。要对近代性他者与古典性他者之"他者"内涵加以区分，主要从时代特质、文化特质、文化分野、文化影响力等方面予以探讨。

（一）中国文学近代性"他者"与古典性"他者"的区分

主要从历史时代范畴对中国文学近代性"他者"形象与古典性"他者"形象加以区分。中国文学中的"近代性"与"古典性"首先是相对的时间概念，分别指中国近代文学与中国古代文学（或中国古典文学）。中国近代文学，是指 1840 年鸦片战争至 1919 年五四运动前夕的文学，也可以看作是中国现代文学的孕育期，体现了中国文学挥别传统、重塑现代的精神追求。从鸦片战争开始，中国两千多年的封建社会逐渐发生了重大的变化。帝国主义列强的入侵，促使中国封建社会解体，沦为半殖民地半封建社会，也促使资本主义在中国发展；同时，在这个过程中中国人民也进行了一系列反帝反封建的革命斗争。中国近代社会经历鸦片战争、太平天国运动、中法战争、中日战争、戊戌政变、义和团运动、辛亥革命等历史事件，交织着启蒙与救亡的社会与文化探索。在近代化的过程中，中国人民都表现出了不甘屈服于帝国主义及其走狗的顽强的反抗精神。随着鸦片战争和太平天国革命运动、资产阶级改良运动和义和团运动、资产阶级民主革命的历史发展，阶级矛盾、民族矛盾进一步尖锐化、表面化，中国近代八十年的文学创作从思想内容、艺术形式到风格流派，都相应地发生了重大变化，新题材、新形象涌现，主变与爱国主义的主题发展。[①] 域外题材出现在文学创作中，中国文学中的"异域"形象由以"夷"（异族）为主转型为以"他者"（异国）为主。在

---

① 李国帅. 近现代三国学研究 [D]. 山东师范大学，2010.

继承发展古代优良的文学传统的同时，在文学观念与文学创作方面，力求改革创新；在文学主题的探索上，一方面继承中国古代特别是清初至清中叶的爱国主义文学传统，另一方面丰富和拓展爱国主义内涵，在其中注入民族主义的成分，形成新风貌和新潮流。此外，那些维护封建统治的各种传统文学在新形势下也不断地有所变化和发展，从以诗文化为主流的传统文学向以剧文化、小说文化为特色的近代文学转型。

中国古代文学在时间上是从上古一直到 1919 年五四运动以前。中国古代文学历史悠久，其起源几乎与中华文明的起源同步，而且灿烂辉煌，是中华文明的重要组成部分。漫长的历史上曾经产生过一代又一代的杰出作家和数不清的优秀作品，出现了多姿多彩的体裁、题材、风格、流派，形成了各种各样的文学现象、文学潮流和文学理论，内容极其丰富。[1] 先秦散文、汉赋、唐诗宋词、元曲、明清小说等都取得了重要的成就。这是一笔无比宝贵的文化遗产，乃至于在世界文学史上，我国古代文学以其无比辉煌的成就和无比鲜明的独特风貌，占有非常重要的地位。

在本书中提出"中国文学近代性他者形象"，是为了更好地与中国文学古典性他者形象以及现代性他者形象相区分，上文提到中国近代文学八十年也是为了避免近代文学被古典文学与现代文学所挤退。在目前中国文学的分段探索中，中国古典文学后延，现代文学前推，中国近代文学几乎被两者所融合，失去了它的主体地位。所以，在时间上来与中国文学古典性他者形象、现代性他者形象进行区分，中国文学近代性他者形象特指 1840 年鸦片战争爆发到 1919 年五四运动之前文学作品中的"他者"形象。

（二）中国文学近代性"他者"形象的特征

首先，中国文学近代性"他者"形象主要是"异国"形象。与中国文学古典性他者形象相比，中国文学近代性他者形象主要

---

① 成龙. 全面创新：建设现代化世界强国的根本逻辑 [J]. 中州学刊，2019（5）.

是"异国"形象。基于华夷之辨的文化机制，在华夏文化中心主义的视野中，中国文学古典性他者形象主要是指华夏族周边的"异族"，随着中国地域版图的发展，这些异族多数成为周边的少数民族，在以儒家文化为核心的中国传统文化的熏陶下，这些少数民族逐渐被华夏文化所同化，融合到中华民族这个大家庭当中，作为"夷"形象的他者，其"他者"内涵已经淡化，实质上已经成为自我的一部分。而随着地理知识的增长，中国人的文化视野越来越开阔，到近代基本上已经走出了华夏中心主义的桎梏，拥有了全球化的视野。中国文学近代性他者形象便是在全球化视野下"自我—他者"文化互动关系中产生的。随着西方新航海线路的开辟，以殖民掠夺为核心的全球扩张成为西方资本主义原始积累的主要手段。在这个过程中，古老东方文明的平静状态被打破，"西方"形象带有鲜明的异质文化特征，以"民族国家"的形象出现在古老东方文化的语境中。中国的人文知识分子逐渐地对它们进行了解与认识，面对这些前所未有的"异国"形象，他们表现出深重的焦虑情绪，但又无法逃避，于是在一系列的文学作品与论著中对它们进行言说，因而具有侵略色彩的"异国"形象在中国近代文学文本中屡见不鲜。根据上述内容，中国文学近代性他者形象所包含的"异国"形象主要指欧美列强及明治维新后全盘西化的日本。

其次，中国文学近代性"他者"形象具有工业文明特征。开始于十八世纪六十年代的工业革命，是资本主义工业化的早期历程，这个阶段是从工场手工业向机器大工业过渡的资本主义生产阶段。工业革命的核心特征是用机器大生产取代手工劳动，以工厂化大规模生产替代工场中的个体劳动，从而带来生产力的飞速发展。随着西学在中国的输入，由工业革命产生的以新的自然科学成就为核心的科学主义思想给中国近代文学以很大的影响，使得中国近代诗歌及小说创作发生了巨大变化，近代许多作家笔下的西方形象都具有鲜明的工业化特征。西学特别是西方自然科学的传入，给中国近代文学提供了大量的新事物，诸如声光电化产品、火车、轮船等工业化事物出现在文学作品中。1849 年，何绍基在《乘火轮船游澳门与香港》中写到了轮船，他认为轮船的速度很快："火急水沸水转轮，舟得轮运疑有神。"1864 年，诗人郑献甫在《花舫观番人以镜取景图》中写了照相技术的逼真与传神："呼之欲出对之笑，珠海买的珍珠粮。"清政府外交官斌椿在他的诗集《海国盛油草》及《天外归帆草》中描写了西方自然科学的成就，还谈到"地动说"："地转良可信，破的在一言。"魏源在《海国图志》中专门介绍了西方的军事技术及科学技术，在《澳门花园听夷女洋琴歌》中写到了西方的乐器——古翼琴，也就是现代钢琴的雏形。由此可见，中国文学近代性他者形象具有鲜明的工业文明特征。

再次，中国文学近代性"他者"形象具有强势文化特征。西方文明起源于外向型的海洋文明，与起源于大河大江流域的东方内陆农业文明相比，具有向外探索的开放性。从中世纪神学文化中走出来的近现代西方文明，在经历了文艺复兴、宗教改革、启蒙运动之后，开始拥抱科学主义精神，随着新航路的开辟、西方工业文明的兴起，生产力得到飞速的提升，西方文明发展到成熟阶段。文艺复兴末期，西方文明中开始孕育科学主义精神，英国培根提出了"知识就是力量"的著名论断；意大利哥白尼提出日心说，推翻了教会的地心说，伽利略发明天文望远镜，论证了日心说；等等，西方文化中的科学主义开始取代神学的蒙昧主义。新航路的开辟以及西方的工业革命更是科学主义精神的实践与探索。海洋文明及商业文明的扩张性本质，使得西方列强疯狂地进行海外殖民扩张，以强势的"侵略者"姿态出现在殖民地民族面前，中国近代鸦片战争便是这种情形的典型体现。相对于晚清王朝闭关锁国的农业文明，西方列强以坚船利炮为代表的工业文明表现出明显的超越性，它以强势文化的姿态出现在近代中国人的面前，造成了强大的冲击。面对前所未有的强势文化，中国人感到强烈的震惊，因而在文学作品中，西方形象以"大他者"的姿态呈现。清末官场小说及谴责小说中的西方形象就具有典型的强势文化特征，曾经与"夷"相比形成的"大自我"形象急剧坠落，表现为带有奴性的"小自我"形象。

综上所述，中国文学近代性"他者"形象，是中国文学"异域"形象由"夷"到"他者"转型阶段的形象，其产生的背景为中西文化的二元建构语境，已经逐渐地脱离了传统的华夏中心主义的文化语境，这些他者形象主要是具有工业文明和强势文化特征的西方列强形象。

第三节　中国文学近代性"他者"形象的出场与先进知识分子的文化探索

鸦片战争中西方列强用坚船利炮冲破中国禁闭的大门，统治阶级保守派却还沉浸在天朝上国的迷梦中。在鸦片战争的整个过程中，中国以封建时代落后的武器、封建时代闭目塞听的政府、封建时代华夷之辨的文化观念来对待近代化的敌人。战争的结果昭示了一个严酷的事实：西方工业文明强势出场，传统华夏文化面临危机。一部分有文化担当的先进知识分子清醒地意识到时局的变革，开始进行艰苦而卓越的文化探索，他们在维护封建道统的同时又以经世致用的文化立场进行改良主义的文化探索。魏源、林则徐、郭嵩焘、冯桂芬、姚莹等人是其中最杰出的代表。

一、先进知识分子的改良主义文化探索

鸦片战争前，西方资产阶级用鸦片麻痹中国人的斗志；鸦片战争中，西方列强利用坚船利炮让统治者逐渐从"天朝上国"的迷梦中惊醒。① 鸦片战争后，他们以不平等的条约逐渐把中国拖入半殖民地半封建社会的境地。鸦片战争带来中国千古未有之巨

---

① 姚武. 魏源与"华夷之辨"的近代嬗变 [J]. 邵阳学院学报（社会科学版），2015（6）.

变，也促使一部分先进的知识分子立足现实，开始放眼世界，观察陌生的外部世界，以寻求解决社会危机和文化危机的良方。面对鸦片战争失败的惨痛教训，以魏源、林则徐等为代表的地主阶级先进知识分子开始从中认真地分析中国失败的原因并探索对策。

他们认为晚清失败的主要原因是科学技术特别是军事技术的落后。在一定程度上说，先进的知识分子通过眼前兵败的事实，逐渐从盲目自大、闭目塞听的历史局限中走出来，承认技术落后于西方列强，这已走出了"华夏中心论"的第一步。但是，他们仍然站在地主阶级立场，坚决捍卫自我文化尊严，认为西方列强的入侵并没有动摇中国文化的根基，仍然可以补救；认为只要很好地学习和利用西方的技术，就能够重新实现富国强兵的目的，而且还可以反过来抵制和抗击西方诸"夷"。魏源最开始就是在这种观念的支配下，在《海国图志》的序言中提出了"师夷长技以制夷"的口号。魏源等人认为"器变道不变"，即西方的技术确实发生了变化，但是中国的道统仍然没有改变；还认为具体的技术（器物）是可以通过学习而掌握的，通过掌握先进的科学技术特别是军事技术可以达到自强的目的。因而，这一时期"师夷"的对象主要是列强的军事技术、机器制造等器物层面，"师夷"的目的是"制夷"，即再度恢复大清帝国的往日荣光。林则徐、魏源等地主阶级改良派如此，后来的洋务派、早期维新派也是如此，都是主张学习西方的技术之所谓"末"来维护孔孟之道之"本"。① 由此可见，近代西学东渐的潮流势不可当。

实际上，如果进行深入探究，会发现魏源他们主张"师夷"之"技"的内涵早已超出了西方器物范围。就魏源所提倡的"师夷长技以制夷"而言，他所学的"技"，并不仅仅只限于器物以及与战舰并列的"养兵练兵之法"，还涉及军事管理、训练、教

---

① 刘伟，张梦飞."华夷之辨"在清代的递嬗 [J]. 社科与经济信息，2002（6）.

育乃至人员素质的改善。不同于统治阶级保守派鄙视西方器技为"奇技淫巧"，魏源认为它们是"奇技"而非"淫巧"。此外，他还反对恪守泥古不化的政治机制，提出"变古愈尽，便民愈甚"的主张，介绍西方先进的政治体制，并提醒统治者改革内政。林则徐主张"译夷书，悉夷情"，主持编译《四洲志》并嘱魏源编撰《海国图志》，放眼看世界，将学习的领域扩展到了列强的历史、政治、商务、文化、教育等众多方面。稍后于魏源的冯桂芬在他的《校邠庐抗议》一书中，以"制洋器议""采西学议""变科举议""改会试议"等诸多篇章，来论证和支持他的改革内政和学习西方的主张。他还直陈中西之差异："人无弃材不如夷，地无遗利不如夷，君民不隔不如夷，名实必符不如夷。"但是，他们毕竟站在地主阶级立场，作为改良主义者，不能完全摆脱封建礼制的传统窠臼，也不敢轻易地离经叛道。此外，他们没有生活在西方，虽然与西方文化有一些接触，但对西方的很多知识很容易产生误读或浅尝辄止，不能够真正地认识到西方的制度、文化在当时的先进性，也就不可能提出全面学习西方的主张，但是"师夷"的文化选择就已经挖掘开了"华夷之防"的堤坝，将"华夷之辨"逐渐推向崩溃。①

　　由于统治阶级保守派的强烈压制，鸦片战争后"华夷之辨"的观念并没有立即消除。鸦片战争之初，保守派视西方为洪水猛兽，坚决反对学习西方，认为这就是"以夷变夏"，实属抛宗弃祖、大逆不道。《南京条约》签订以后，统治阶级的保守派对于割地、赔款固然愤慨，然而令他们更为痛心的却是外国人对传统礼制文化的破坏，外国人摈弃了跪拜之礼而与中国官员用平行礼，这是让国体沦失且最令人痛心的事。他们引用《春秋》中的礼制文化对这种情形进行批判："所最重者，冠履之分；所最谨者，华夷之辨……"他们认为："今督抚之尊，不止大国诸侯，

　　①　刘伟，张梦飞."华夷之辨"在清代的递嬗［J］. 社科与经济信息，2002（6）.

竟下与犬羊之逆，用平行礼。① 不特亵渎衣冠，为中外所耻笑，且使各夷闻风效尤，等威莫辨，中国又何恃以为尊乎？"在当时清朝还能维持国家的统治、士林风气还没有得到极大开发的情况下，保守派的这些言论对于士人们的意志在很大程度上仍然产生压制的作用，使得他们不敢悍然地冲破华夷秩序的传统范畴，只是在一定程度上寻求变通与改良。②因而，在保守势力的舆论压力下，"师夷"观念受到"华夷之辨"传统观念的强力束缚，力度不大，效果不是很明显。但是，不可否认的是，鸦片战争后西学东渐已经成为势不可当的时代潮流，向西方学习不仅促进了中国近代军工产业乃至科学技术的发展，也带来了资本主义工商业水平的快速提高。虽然这种发展是被动的甚至畸形的，但这也为民族资本主义的兴起及后来资产阶级力量壮大并发起维新变法运动打下了基础。③

　　由此可见，根据文化交流与发展的相关理论，过时的、陈腐的文化必然被适时的、先进的文化所替代，这是由于文化自身具有极强的亲和力。然而，在这种新旧文化转型与发展的过程中，必须探索符合时宜的机制来培养新文化生长的土壤。由上可知，近代新文化发展的障碍主要在于中国封建专制政体抑制了新生文化得以产生的机制及土壤。正是因为这样，作为那个时代积极进行文化探索的先进的知识分子，他们的文化探索显得更加艰难。正如魏源一首诗中所写的那样："月前孤唳为谁哀，无复双栖影绿苔。岂是孤山林处士，只应花下一雏来。"尽管如此，他们的沉潜思考或孤独呐喊在稍后的岁月里逐渐产生影响，并激起千层浪花，引发新文化的传播和中国走向近代化的维新潮流，其结果便是戊戌变法与辛亥革命的产生。④正是他们的文化探索之艰难，才使思想显得可贵和卓越。

---

　　①②③④　刘伟，张梦飞."华夷之辨"在清代的递嬗 [J]. 社科与经济信息，2002（6）.

二、魏源与"华夷之辨"的近代嬗变①

传统的华夷之辨，宣扬华夏中心论和天朝上国观念，是中国古代统治者所推崇的政治思想，影响了中国两千多年。华夷之辨缘起于西周时期，定型于春秋战国时代，深化于秦汉时期，强化于魏晋南北朝，并在隋唐时期转化，五代时期淡化，宋明两代恢复正统，在清朝晚期由于华夏文明的失落产生深刻嬗变。鸦片战争以后，魏源敏锐地感知时局的重大变化，在《海国图志》序言中明确提出"师夷长技以制夷"的主张，挑战传统"华夷之辨"的文化价值观；同时，他又坚守"器变道不变"的立场，捍卫中国传统文化，在文化选择上进行艰难而卓越的探索，促进了"华夷之辨"的近代嬗变。

首先，从"四夷异族"到"西方列强"：魏源世界理念的引入，动摇了华夷之辨的文化根基——"华夏中心论"。传统华夷之辨的文化根基在于"华""夷"有明确的分野，包含着地域、政治和文化的分野，特别是"华夏中心论"的地位占据绝对优势。在鸦片战争之前的古代中国，"华夏中心论"的地位几乎不可撼动。在《论传统夷夏观的演变及其对近代社会民族观的影响》中，张鸿雁、傅兆君认为周代的"内外服"制催化了华夷之辨观念的产生。在上古"五帝"时代就有了"华族"和"夷族"的雏形，夷夏观开始萌芽，并在三代时期有了进一步发展，西周时得以强化。② 华夏族在春秋时期形成，夷夏观也随之产生。尊夏贱夷、内诸夏而外夷狄、以夏变夷是夷夏观的三个内容，这种强化趋势一直持续到魏晋南北朝。在地理方位和种族上，古代华夏族群居于中原，为文明中心，其他各族为番夷，番夷依方位分

---

① 姚武. 魏源与"华夷之辨"的近代嬗变 [J]. 邵阳学院学报（社会科学版），2015（6）.

② 张鸿雁，傅兆君. 论传统夷夏观的演变及其对近代社会民族观的影响 [J]. 民族研究，1993（2）.

为"四夷"，即东夷、南蛮、西戎、北狄。在文化上，古代中原为文明中心，相对比较发达，而周边"四夷"则较落后，因而在历史上逐渐形成了区分人群的文明礼仪标准，即根据文化和文明程度来区分人群，合乎华夏礼俗文明者为"华"，不合者为"夷"。较先进的文明带来了优越感和偏见，华夏族不无自傲地称自己繁衍生息之地为天下之中心。司马迁在《史记》中摈弃民族偏见，是对传统夷夏观的一种突破；唐太宗的"四夷一家"的思想为夷夏观注入了新内容，但是这两种主张并没有动摇"华夏中心论"的绝对地位，反而加强了华夏族文化对"夷"族文化的同化。五代时期"五胡乱华"，民族矛盾凸显，统治者不得不淡化民族歧视，但华夏的文明礼俗影响深远，处于绝对强势地位。宋、明两代不仅继承了华夷之辨的思想，并且进一步加强了民族歧视。边疆民族所建立的王朝则彻底否定"贵中华，贱夷狄"，谋求"华夏正统"的地位。① 随着中国地理范围的拓展和儒家文化影响的扩大，原先的夷族被同化为中华民族的一部分。随着时代的发展以及中外交流的出现，"夷"隐指中国境内未被儒家文化同化的少数民族，还包含异族异邦。

鸦片战争之后，华夷之辨遭受到最严重的打击，华夷之辨的"华夏中心论"这一根基开始动摇。魏源等地主阶级先进分子，面对鸦片战争带来的社会危机和文化危机，开始从世界的角度来思考问题，提出"睁眼看世界"的主张，让统治阶级清醒地意识到长期处于优越地位的华夏文明已经开始失落。1842 年，魏源完成《海国图志》五十卷本的写作。《海国图志》套用了《礼记·礼运》"天下一家"及《论语·颜渊》"四海之内皆兄弟"的话，指出："岂天地气运，自西北而东南，归中外一家欤！圣人以天下为一家，四海为兄弟。故怀柔远人，宾礼外国，是王者之大

① 刘伟，张梦飞."华夷之辨"在清代的递嬗 [J]. 社科与经济信息，2002（6）.

度；旁咨风俗，广览地球，是智士之旷识。"① 魏源口中的天下、四海，已经不是孔子时代的中国了，而是五大洲、四大洋的世界。他甚至不再称天下一家，而径称中外一家。从中外一家的提法可以知道，居天下之正中，"率土之滨，莫非王臣"的观念已彻底粉碎。非但如此，有文化有学识的红须绿眼的鬼子，也尽摘蛮狄羌夷之称，而被誉为奇士，引为良友："夫蛮狄羌夷之名，专指残虐性情之民，非谓本国而外，凡教化之国皆谓之夷狄也。诚知乎远客之中有明礼行义，上通天象，下察地理，旁彻物情，贯通古今者，是瀛寰之奇士，域内之良朋，尚可称之曰夷狄乎！②" 由于自身经济发展的滞后和文化的保守，加上西方资本主义经济文化的飞速发展，西方列强的入侵和文化渗透，传统中国认定的天下格局和秩序被打破，"华"相对于"夷"的比较优势丧失殆尽。"夷"的内涵发生了根本性变化，"夷"在古代指"四夷"或没有被儒家文化同化的"异族或异邦"。到了近代，"夷"专指侵扰中华的西方列强，以"大他者"的面貌呈现，而曾经以"天下中心"自居的"华夏"则沦落为"小自我"。传统华夷之辨的根基已经动摇，这种以"华夏中心论"为核心的政治思想遭受了前所未有的挑战。

其次，从"番鬼蛮夷"到"文明师长"：魏源主张学习西方，挑战由华夷之辨导致的"闭关锁国"观念。自明朝开始，随着日本倭寇的骚扰和西方列强的入侵，"夷"的含义逐渐发生变化，由专指少数民族逐渐变成了对侵略者的蔑称，"四夷异族"发展为"番鬼蛮夷"。基于传统"华夷之辨"的习惯性文化思维，统治阶级对侵扰者采取蔑视的态度。也正是由于这种夷夏观的影响，清朝统治者固守"华夏中心论"思想，怀抱"四海之内，天朝为大"的观点，执行闭关锁国政策，"徒知侈张中华，未睹寰

---

① 蒋英豪. 魏源及其作品中的新世界 [J]. 文学遗产，1996 (7).

② 魏源. 魏源全集·海国图志 (卷七六) [M]. 长沙：岳麓书社，2004.

瀛之大"①。也正是由于长期实行闭关锁国政策，中国人对外面的世界几乎一无所知，夜郎自大，唯我独尊，而把西方国家视为"蛮夷小邦"，我乃"大清子民"。即便是初到广州禁烟的林则徐这样的开明人士，也认为凭"天朝声威"足可"慑服夷人"。鸦片战争之后，西方列强"鬼""蛮"特征尤为凸显，也彻底地惊醒了林则徐。林则徐表现出严重的担忧："抑知夷性无厌，得一步又进一步，若使威不能克，即恐患无已时；且他国效尤，更不可不虑。"② 由于禁烟失败，林则徐在被发配新疆之际嘱魏源编撰《海国图志》。怎样挽转局面，实现富国强兵的目的，是魏源编撰《海国图志》思考的首要问题。在《海国图志》序言中，魏源提出"师夷长技以制夷"的主张。魏源提出："善师四夷者，能制四夷；不善师外夷者，……窃其所长，夺其所恃。③""师夷长技以制夷"这句话的意思是通过学习制造和使用洋人先进的技术（武器）来打击制约洋人，打破了传统"尊夏贱夷""内诸夏而外夷狄""以夏变夷"的夷夏观。

魏源认为清朝政府应该从"闭关锁国、盲目自大"的迷障中走出来，必须走向世界、融入世界。鸦片战争以前，由于史地知识的欠缺和认识的限制，中华文明与世界古代其他优秀文明诸如古埃及、两河流域、印度、罗马文明等地理位置相距甚远且限于交通不便利交往甚少，与中国相邻且能到达的地方多为不开化、文明程度远远低于中华的国家和蛮族之地。因而，"天朝上国"的观念深植于清朝统治者心中。他们认为，中国具有唯一世界超级帝国形象，是"天下中心"，他们只相信有一个"天下"，自我封闭导致统治者盲目自大。他们殊不知，18 世纪下半叶到 19 世

① 魏源. 魏源全集·圣武记（附录卷十二）［M］. 长沙：岳麓书社，2004.

② 杨国桢. 林则徐传［M］. 北京：人民出版社，2004.

③ 魏源. 魏源全集·海国图志（叙）［M］. 长沙：岳麓书社，2004.

纪上半叶西方列强相继完成了工业革命，商业文明和海洋文明的扩张本性使得他们疯狂地攫取海外殖民地，大搞商品输出，经济和军事实力已远远地超过了强弩之末的大清帝国。他们认为的"天下中心"实际上已经沦为"世界的边缘"。1841 年 8 月，魏源在京口（现镇江）受林则徐之嘱托，开始写作《海国图志》，1842 年 12 月完成《海国图志》五十卷本。可以说，魏源编写《海国图志》的过程是一个了解西方、认识世界的过程，他在这个过程中完成了一个传统知识分子的蜕变——由传统的人文知识分子向近现代具有启蒙思想的先进知识分子转型。从《四洲志》到《海国图志》，书中所介绍的世界是一个具有近代意义的崭新世界。当然这个新世界对沉浸在传统封建迷梦中的中国人来说，是不愿意看到和接受的。在中国人还沉浸在华夏中心的观念之中时，西方 16 世纪以哥白尼（1473—1543）为代表提出了日心说，彻底改变了西方的宇宙观，促使科学发展一日千里；即便日心说在 17 世纪初开始传入中国，但由于那时并没有产生新文化的机制与土壤，所以在中国并没有迎来像西方那样的思想与科学发展的热潮。经历了 15 至 18 世纪中西文化交流的潜伏期后，鸦片战争爆发，西学如决堤之潮水强势涌入，西方世界经由《海国图志》之绍介逐渐成为国人普遍接受的常识。日心说配合了《海国图志》中的世界地图、地理知识，使国人史无前例地清楚了解人在宇宙的位置，中国在世界的位置，也无法避免地引起了对中国地位和中外关系的重估，而其结论则是中国必须走向世界，融入世界。①

早期资产阶级改良派思想家王韬说："当默深（魏源）先生时，与洋人交际未深，未能洞见其肺腑，然师长一说，实倡先声。"站在"风口浪尖"的魏源从世界的视角出发，基于对"番鬼蛮夷"的担忧，为挽回晚清困局，首倡"文明师长"，对形成于华夷之辨思想指导下的"闭关锁国"观念是一个巨大的挑战，

---

① 蒋英豪. 魏源及其作品中的新世界 [J]. 文学遗产, 1996（7）.

在中国近代化的过程中具有浓厚的启蒙色彩。

再次，从"器变道不变"到"师夷长技以制夷"：魏源坚持文化改良主义，超越华夷之辨的局限，客观上推动了中国近代化的发展。鸦片战争中，西方列强的坚船利炮给统治者以强烈的震撼，把他们从"天朝上国"的迷梦中惊醒。在中国传统政治与社会文化中，当"大自我"面对"小他者"的文化格局没有打破时，传统"华夷之辨"起到了一定的积极作用，有利于民族的统一和文化的融合，从而实现大一统的政治局面。中国古代文化，在明代后期以前它与各国文化相比，一直处于领先地位，只是到了明代后期以后，由于中国封建社会的停滞不前和日益腐朽，中国文化才失去光彩而显得落后，中国近代文化处于明显的弱势地位。① 当传统格局在近代被打破后，面对文明的失落，魏源以"睁眼看世界"的新视野提出"师夷长技以制夷"的新主张，以寻求中国传统文化近代发展的新的突破。

在世界近代化演变过程中，一般来说，西方国家是先有"道"（文化观念）的变革，然后才有"器"（经济技术）的发展，由此走上工业资本主义的发展道路。中国的情形却相反，是一个由"器变"引发"道变"的缓慢过程，而且在变革之初，"器变"往往在极力维护传统的"道"，"器变道不变"成为中国近代化早期的思想潮流。魏源认为"器变道不变"，"乾尊坤卑，天地定位……是以君令臣必共，父命子必宗，夫唱妇必从"。② 这一思想后来为洋务派所承接，发展为"中学为体，西学为用"。这是由于中国的近代化未能依靠传统社会的母体自身内在力量获得新生的动力，及时步入近代社会；而是处于外在的强敌压境，一次次被动地抗争、失败、再抗争的发展境地中。中国近代化的历程与西方资本主义的入侵紧密联系在一起，面对外来挑战，当务之急就是自救图存，但思想启蒙的力量也只能够局限于对传统

---

①② 曾乐山. 中西文化与哲学争论史 [M]. 上海：华东师范大学出版社，1987：3-18.

文化的改良等等，且短期内难以迸发爆发式的实践和行动；加上急功近利传统思想的影响，物质层面的变革往往成为先于思想文化变革的无奈选择，因而，即便向西方学习，首先看到的也是其文化的外壳——坚船利炮。外来的近代文明与炮舰一道裹挟而入，使中国人如大梦初醒。在不从根本上改变传统文化的前提下，对传统文化做一些枝节上的更新和变革，是魏源的一贯思想。此外，他还重视实用，"道存乎实用，志在措正施行"①。他长期居于朝廷重臣的幕府，深刻领悟经世致用思想。在贺长龄幕府时，代为编辑了《皇朝经世文编》，全书收集清朝180年来朝野上下654人的"经世"名篇，包括政事、文教、刑律、河工、盐政等方面的内容。魏源因此也有了"经世之略"的声誉。他本人提出的种种兴利除弊的改革，也无不是其经世致用思想的明示。仅是关于水利、漕运和盐务方面的文章，他就写有《筹河篇》《畿辅河渠议》《湖广水利论》《湖北堤防议》《筹漕篇》《海运全案序》《海运全案跋》《道光丙戌海运记》以及《筹鹾篇》等。他在漕粮海运和创行票盐等方面的成功筹划，均为疆吏陶澍、贺长龄所采纳。② 站在文化改良主义的立场，魏源坚持经世致用的实用主义原则，主张向西方学习，打破了"华夏中心论"，改变了传统的"尊夏贱夷""以夏变夷"等原则，在一定程度上超越了华夷之辨的局限。

鸦片战争之后，中国传统士大夫仍然不能放下天朝上国的身份，把列强看作是蛮夷之地，不能看到世界的巨变。第一次鸦片战争之后，《南京条约》签订，中国无可奈何地放弃闭关锁国的外交政策，传统的华夷之辨思想赖以存在的传统秩序被打破，已经无法适应近代"世界"视野中国际环境的新格局，处于彻底失语状态。魏源等一部分地主阶级先进分子，采取了向西方学习的

① 魏源. 魏源全集·皇朝经世文编（卷五）[M]. 长沙：岳麓书社，2004.

② 夏剑钦. 魏源传 [M]. 长沙：岳麓书社，2006：209.

态度，进行艰苦而卓越的文化探索，即便由于时代的限制和认识逻辑的作用，还不能放下两千年以来的文化优越感和文化自尊心，只是通过学习西方先进军事技术来维护清朝的统治，并未从制度上进行根本改变，但是，魏源的思想具有深刻的启蒙作用，影响了后续的洋务运动和维新变法，促进了"中体西用"观念的产生，客观上推动了中国近代化的发展。

第三章 魏源《海国图志》与中国近代"他者"形象的转型

魏源作为清末近初杰出的启蒙思想家、政治家、文学家，他所编著的《海国图志》，是中国近代具有代表性的一部域外史地学著作。该书以"制夷"为中心，提出了"悉夷——师夷——制夷"的逻辑思路，较全面地记述了世界各国的史地、政治、经济、军事、科技、宗教、文化习俗等方面的内容，可谓百科全书式的巨著。该书内容十分丰富，展现了众多的异族、异域或异国形象，堪称"贯穿于中国史乘，西人记录，置中西于一炉，合五洲为一书"。[①]《海国图志》不仅是我国近代具有重大影响力的史地学巨著，也是一部呈现众多异域形象及表现文化观念变迁的重要作品，在形象学视域中具有极高的研究价值。从比较文学形象学视角来探析《海国图志》，作为近代睁眼看世界的杰出代表，魏源在《海国图志》中以"夷"的套话囊括了众多的"他者"形象，不仅有鸦片战争前站在传统华夏视角的"小他者"形象，也有鸦片战争后站在世界视角的新的"大他者"形象，提供了中国近代最初形成的关于"外部世界"（他者形象）的全面认知，并以此来反思并重新建构"自我"形象。突破史地学文本范畴，从比较文学形象学视角来探析《海国图志》，《海国图志》作为一部呈现众多异域形象及表现文化观念变迁的重要作品，也可以看作是泛文学文本，以"夷"套话的裂变来反映中国近代他者形象的转型与自我形象的发展与建构。

---

① 路佳凡."以夷款夷"考释 [J]. 长江师范学院学报，2018（2）.

第一节 《海国图志》作为
形象学文本的建构与价值

形象学来源于比较文学研究范畴，属于比较文学里较为新兴的一门分支学科。形象学研究始于 20 世纪中叶的法国，最初是探讨文学作品中的异国形象问题，它是以研究一个国家文学中的异国形象及其所包含的意义为目的，通过文学作品中的形象，来了解民族与民族之间的互相观察、互相表述和互相塑造。而它的研究对象不同于一般意义上的"形象"，特指能够体现跨种族、跨文化性质的"异国形象"。① 形象学研究的发展转型，特别是其研究对象的文化转向，赋予《海国图志》新的文本身份与文本价值。

一、形象学的文化转向使得《海国图志》的新文本身份得以建构

随着形象学的发展转型，形象学的研究对象从最初的文学文本转向为跨学科的文化文本，《海国图志》作为传统意义上的复合文本，也可以将其纳入形象学研究的范畴加以探析。

仔细探究《海国图志》的传统文本身份，它是一个极具特色的复合型文本，兼有史地学文本、杂文学文本或泛文学文本的复合性质。明末利玛窦带给中国第一幅世界地图，并编撰《万国图志》，把世界史地学学科引入中国。受其影响，并根据英国人慕瑞编撰的《地理大全》，林则徐主持翻译了《四洲志》。受林则徐之托，魏源以不足九万字的《四洲志》为基础，搜集整理其他文献、书刊资料，加上自撰的很多篇论文，最终形成超过 100 万字的一百卷版的《海国图志》。根据世界史地学在中国的产生与发

---

① 孟华. 比较文学形象学 [M]. 北京：北京大学出版社，2001.

展情况来看，加上书中内容图文并茂、左图右文且介绍世界各国地域的沿革等特点，《海国图志》符合当时史地学的编撰标准，确实是一部标准的史地学巨著。同时，《海国图志》的内容非常丰富，除了史地学内容外，还涉及政治、经济、军事、科技、宗教、文化习俗等诸多方面，可谓百科全书式的作品。根据中国传统文类学研究，中国有着文史不分家的传统，文学文本与史学文本兼容并包，再加上近代之前学科划分没有明细化，《海国图志》的诸多内容都可以纳入广义的散文范畴。特别是魏源补充的诸如《海国图志序言》《筹海篇》《英吉利小记》以及各种按语评说等，都可以看作魏源创作的散文。因而，《海国图志》便具有杂文学文本或泛文学文本的性质。

伴随着形象学研究的文化转型，形象学研究视野中的《海国图志》获得了新文本身份。形象学研究作为比较文学里较为新兴的分支学科，最初产生于法国。1947 年法国理论家卡雷出版的《法国作家和德国幻象》是形象学研究的奠基作，卡雷的学生基亚继承和发展了形象学，基本上奠定了比较文学形象学研究的主要原则和内容：研究文学作品中的异国形象，并探索异国形象形成发展过程。① 随着形象学研究的深入，形象学已经越来越不满足于简单地用文学理论来解释文学作品中的异国形象问题，而是将触角越来越多地伸向了文化领域，使得形象学研究更多地表现出其跨学科的性质，此时形象学研究处于"文学史、政治史和民族心理学几个领域的交叉口上"。由于形象学研究长期以来对异国形象兴趣盎然，这也就注定了形象学研究必定要将承载着异国形象信息的文本材料纳入其研究视域，从早期形象学研究关注的文学文本，逐渐扩展至其他文类。纵观当下国内形象学研究的现状，可以发现形象学研究已经从最初的比较文学形象学转向了跨文化形象学，从某个单一文本或某一单一文类中的异国形象研究越来越多地转向跨文本或是跨文类甚至是超文本、超文类的异国

① 孟华. 比较文学形象学［M］. 北京：北京大学出版社，2001：9.

形象研究。① 因而，伴随着形象研究对象由文学文本到文化文本的转向，作为传统复合文本的《海国图志》获得了合法化的形象学文本身份，可以顺理成章地成为形象学的研究对象。

二、形象学研究赋予《海国图志》新的文本价值

从形象学视角对《海国图志》进行研究，赋予《海国图志》极高的研究价值。

一方面为中国文学形象发展史研究提供了非常重要的史料价值。到目前为止，还没有一部完整的中国文学形象发展史，更不用说中国文学中的异域形象发展史，也就是说没有人从形象学研究视角对中国文学发展史中的形象进行系统研究。② 根据现有研究来看，2002 年广西师范大学杨晓林的硕士论文《从"夷"到"他者"——中国文学中"异"的形象学分析》梳理了从先秦《山海经》到现当代文学中"异"的形象的发展与变迁，基本上明确了中国文学发展史中异域形象由少数民族（"夷"）到异国（"他者"）变迁的基本脉络。③ 此外，清华大学教授徐葆耕的《西方文学：心灵的历史》可以看作比较文学形象学的著作，该著作围绕西方人"心灵"这一核心形象，来理解和领悟西方文学的发展与变迁。④ 这两个作品都给人以深刻的感触与启迪，为文学研究提供了新的视角或新的方法。杨晓林的文章研究对象为文学文本中的异域形象，《海国图志》作为传统史地学文本并没有被纳入他的研究视野中，形成一定的局限，特别是在研究古近之

---

① 邓繁荣，钟帆. 国内外形象学研究的现状分析 [J]. 西南民族大学学报（人文社会科学版），2012（9）.

② 姚武. 魏源的异域题材诗歌及其近代化特征探析 [J]. 老区建设，2019（14）.

③ 杨晓林. 从"夷"到"他者"——中国文学中"异"的形象学分析 [D]. 广西师范大学，2002.

④ 徐葆耕. 西方文学：心灵的历史 [M]. 北京：清华大学出版社，2003：3.

交"异"形象由"夷"到"他者"的转型时缺少关键文本的支撑。如果立足于当今形象学研究的文化转向语境，再来重新梳理中国文学中的"异"的形象发展史，魏源的《海国图志》作为形象学研究的关键文本恰好能够填补杨晓林论文的缺陷，以论证"夷"到"他者"形象的过渡，而且能提供较丰富的异域题材。如此说来，《海国图志》将成为"异"形象转型研究中至关重要的文献资料，也就是说，《海国图志》在当前形象学研究视野中具有非常重要的史料价值。

另一方面，对理解和领悟魏源的文化探索精神而言具有重要的学术价值。从形象学视角来研究《海国图志》，突破了传统的史地学范畴，拓展了魏源思想文化研究的新领域并提供了新的方法，具有重要的学术价值。鸦片战争爆发后，中国逐渐沦为半殖民地半封建社会。割地赔款、主权沦丧，传统文化向近现代文化转型、本土文化和外来文化发生碰撞，当时的中国社会面临着社会危机与文化危机的双重困境。林则徐、魏源等人文知识分子不可避免地陷入文化焦虑的境地，进行艰苦而卓越的文化探索。1841 年 6 月，林则徐会晤魏源于京口，把《四洲志》等材料交与魏源，嘱其撰《海国图志》。1842 年《海国图志》五十卷版编撰完成，在序言中魏源谈到著述的目的是"攻夷""款夷""制夷"①。魏源主张学习西方的军事技术，以实现富国强兵之目的。林则徐被誉为"中国近代睁眼看世界的第一人"，魏源紧随林则徐，坚定地支持林则徐所主持的禁烟运动，受林之托尽快地编撰完成了《海国图志》，成为睁眼看世界的杰出代表。在《海国图志》中，异域"形象"纷呈，世界各国、西方先进的军事及科学技术以图文并茂的形式呈现，形象生动且让人一目了然。魏源理解林则徐的良苦用心，期待通过《海国图志》让人们了解世界，认清世界格局，让当权者从"天朝中心"的迷梦中惊醒，唤醒沉浸于"鸦片"迷雾中的国人灵魂，表现出了经世致用、内外求索

---

① 魏源. 魏源全集·海国图志 [M]. 长沙：岳麓书社，2004：1.

的文化探索精神。

三、魏源在《海国图志》中所表现的文化探索精神

纵观近代历史，中国的每次大进步，几乎都伴随着失败，总是历经了失败的"实践"后才如梦惊醒，失败得越惨烈，其进步就越大。① 因而，鸦片战争的失败，让一群怀有高度的民族责任感的有识之士站了出来，他们敏锐地把握住关键，相继把目光转向海外。于是，在一次次的冲突与融合中，一场中西文化的碰撞就此拉开序幕，成为中国人民走向自我更新之路的起点。纵览古今历史，从古代中国强调的华夷之辨，到当下强调的民族之间平等并和睦相处，可谓古代与现代的截然分野。其实，与鸦片战争前的中国相比，环顾当时寰宇，大清周边的人和物早已是"物非人非"难分"夷""夏"了。以古观今，这场民族观念的转型，留给我们的是更多的启示、经验与思考。在如今全球化背景下，我们只有吸取前人的经验教训，在多元文明的世界里不断交流学习，取其精华，去其糟粕，中华民族才能屹立于世界民族之林。

（一）魏源跨文化理念的形成

在文化对话理论中，跨文化理念是指在文化交流中，对于与本民族文化有差异或冲突的文化现象、风俗、习惯等有充分正确的认识，并在此基础上以包容的态度予以接受与适应。自魏晋佛学传入开始，中外文化交流有近 2000 年的历史，长期以来，作为文化主体的中国知识分子有着极强的华夏文明至上的思想观念。而在近代鸦片战争之时，西方列强以大炮和鸦片带来异质文明的深入侵蚀，一向自视优越的华夏文明面临着空前的挑战，中国近代知识分子的文化优越感开始动摇。在"内忧外患"的社会危机和文化危机到来之时，中国近代知识分子进行了卓越的富有指导性、创造性的文化探索。魏源就是其中最杰出的代表，他坚持"睁眼看世界"的立场，提出"师夷长技以制夷"的主张，这是

① 梁启超. 中国近三百年学术史 [M]. 上海：三联书店，2006.

对跨文化理念的自觉运用和实践，对近现代文化探索具有深刻的指导价值。

　　面临着本土文化和外来文化的冲突以及传统文化向近现代文化的转型，魏源作为"睁眼看世界"派的中坚力量，以跨文化理念来审视当时的中外文化，以"文化焦虑"的方式来表达一个"积感之民"的思想探索。结合时代语境，运用文化对话理论来探究魏源跨文化理念的形成的原因，主要有三个方面：

　　首先，魏源跨文化理念的形成源于对世界的认识。近代西书汉译潮流的兴起，特别是林则徐对《四洲志》的编译，直接影响了魏源对《海国图志》的编写及魏源对世界的认识。魏源受好友林则徐的委托，根据《四洲志》等资料，编写了《海国图志》。书中主要系统地介绍了南洋、欧美各国的历史、地理，阐述了"师夷长技以制夷"的思想。《海国图志》具有划时代意义，给闭塞已久的中国人带来了全新的近代世界概念。尽管在明末清初，西洋传教士利玛窦等人来华，带来了世界知识的新东西，但不被人们所重视。鸦片战争爆发前的清廷皇帝和达官显贵，闭关锁国，妄自尊大。《海国图志》的刊出，打破了这种孤陋寡闻的状况，它向人们提供了80幅全新的世界各国地图，又以66卷的巨大篇幅，详叙各国史地知识。这样，当时的中国人通过《海国图志》这一望远镜，开眼看世界，既看到了西洋的"坚船利炮"，又看到了欧洲国家的商业、铁路交通、学校等情况，使中国人跨出了"国界"，认识近代世界的新鲜事物。梁启超赞誉说："治域外地理者，（魏）源实为先驱。①"在《海国图志》中，魏源有"天地之气其至明而一变乎？沧海之运椭地圆体，其至西而东乎？""岂天地气运自西北而东南""归中外一家欤"等语，他认为世界是一个整体，中国是其中的一部分。《海国图志》的刊出打破了传统的华夷之辨的文化价值观，摈弃了九州八荒、天圆地方、天朝中心的史地观念，树立了五大洲、四大洋的新的世界史

---

　　①　梁启超. 清代学术概论［M］. 北京：人民出版社，2008.

地知识体系，拓宽了国人的视野，也促进了魏源思想中跨文化理念的形成。

其次，魏源跨文化理念的形成源于近代文化冲突和文化转型的客观语境。近代文化冲突和文化转型为魏源等知识分子跨文化理念的形成提供了现实语境。文化对话中的很多事实证明，在文化交流的过程中，强势文化总是包容弱势文化或同化弱势文化。在中外漫长的文化交流史中，中国古代文化处于强势地位，因而，中国传统文化是一种兼容了儒、道、释三者的复合文化。而到了明代后期以后，中国文化由于中国封建社会的停滞不前和日益腐朽，失去光彩而显得落后。① 而十九世纪初以来的欧洲，资本主义得到迅速发展，工业革命迅猛开展，经济飞速发展。资本主义新文化取代了中世纪神学文化，并以殖民和商品输出形式向世界进行文化渗透，近代世界文化特别是中西文化的地位发生了深刻的变化，东西方文化的交流出现了"西学东渐"的趋势。② 事实证明，伴随着鸦片战争西方列强的隆隆炮声，近代中国陷入了中西文化冲突的境地。近代中西文化的交流是一种不平等的交流，西方列强先进的资本主义文化对中国传统文化的冲击是通过战争的形式来实现的，他们通过与腐朽的清政府签订一系列不平等条约在中国进行疯狂的掠夺和奴役，瓦解了中国的自然经济，打破了封闭的中国传统文化壁垒，迫使近代中国知识分子不得不调整自己的文化心态以适应新的文化氛围。此时的魏源作为"睁眼看世界"的中坚力量，提出"师夷长技以制夷"，直接昭示了跨文化的理念，正是时代的要求。

再次，魏源跨文化理念的形成源于近代知识分子自觉的文化探索。在文化对话理论中，文化对话的主体是充满家国意识和人文意识的知识分子，他们的文化选择很大程度上决定着一个民族或国家在文化对话中的立场和地位。面临"内忧外患"带来的社

① 王继平. 近代中西文化的交流与整合 [J]. 云梦学刊，2003 (1).
② 魏源. 魏源集·海国图志·叙 [M]. 北京：中华书局，1976.

会危机和文化危机，习惯于"释儒解经"的中国近代知识分子，他们的文化优越感开始动摇，他们当中开始有人用新的眼光来看世界和认识自我文化，进行艰苦而卓越的文化探索，魏源就是其中最杰出的代表。魏源自称是"荆楚之南"的一个"积感之民"，虽然他出生于湘西南偏僻之地，但他从小就有着强烈的求学和探知外面世界的欲望，同时也有着强烈的民族忧患意识，人生的遭际和幕府的见闻让他积累了太多的感悟和思考。在近代以来中国文化处于弱势地位的中西文化对话语境中，在"内忧外患"的社会危机和文化危机到来之时，魏源在《海国图志·叙》中提出"师夷长技以制夷"的主张，坚持"睁眼看世界"的跨文化理念，具有两个方面的内涵：一方面要放眼世界，学习外来优秀文化（长技），富国强兵；另一方面，提醒统治阶级要警醒，认清时局，改革弊政，抵御夷敌。魏源把中国文化纳入世界文化的视野中，主张通过学习先进技术来实现国家和民族的复兴，体现了一个"积感之民"强烈的国家忧患意识和民族责任感。

通过以上的论述，可以看出，魏源的跨文化理念是一种应时而生的认识和解决问题的方法和视角，这不仅折射出独特的时代内涵，也反映了文化探索者深邃的文化智慧，对近代中国文化交流中的文化探索具有深刻的指导价值，具体来说，主要表现在三个方面：

首先，推动了近现代中西文化交流中主动学习西方文化的风气。鸦片战争是中国近代社会转型时期的开端，也是古代文化过渡到近现代文化的转折点，魏源是生活在这一时期的过渡性人物。他的跨文化理念，是中国知识分子面对西方强势文化冲击时做出的明智而理性的文化抉择，它不仅对文化冲突和文化转型时代的众多问题做出理智的回答，而且修正了中外文化交流中传统的封闭的价值判断模式，提供了正确的行之有效的文化对话模式和途径。魏源的跨文化理念，开启了中国人主动向西方学习的风气，后来的志士仁人在面对社会危机和文化危机之时，莫不从魏源跨文化理念中所提供的"师夷长技以制夷"生发开去，加以阐释和发挥。不管是地主阶级改良派代表曾国藩、左宗棠等，农民阶级的洪仁玕等，还是资产阶级改良派代表康有为和革命派代表孙中山等，还是革命民主主义代表鲁迅等，都有过直接或间接学习西方的经历。

其次，促进了改革和批判并重的社会思潮的发展。魏源通过对跨文化理念的运用和实践，不仅看到了西方科学技术的优势，也认识到清政府闭关锁国的危害。他一方面进行社会批判，批判统治者缺乏忧患意识、虚骄自大、畏敌如虎。在《道光洋艘征抚记》中，他忧愤地指出："承平恬嬉，不知修攘为何事，破一岛一省震，骚一省各省震，抱头鼠窜者胆裂之不暇，冯河暴虎者虚骄而无责。"① 他另一方面主张社会改革，提出"变古愈尽，便民愈甚"，在盐政、水利、吏治等方面提出改革建议。随着时代的变迁，任何社会的发展总会出现弊端，需要改革，魏源在更广阔的视野内认识到改革与批判的关系。他主张"变古"与"师夷"相结合，体现了社会改革和社会批判的辩证关系，对后世影响深远。

再次，为文化交流提供了方法和途径，具有崇高的声誉。魏源的"经世致用""变古"与"师夷长技"以及"势变道不变"等观念，是文化交流过程中处于弱势地位的文化主体所常用的一种文化态度，为同样情势下的其他民族和国家面对同样的文化交流时提供方法和途径。② 魏源的这些观念对日本的明治维新产生了深刻的影响，在某种程度上改变了日本大和民族对西方和世界的看法。日本学者藤间生大在《世界史上的魏源》中论述道："魏源的思想和认识，仅以我个人极其不充分的研究来看，它的影响绝不仅限于东亚近代史的初叶，对于摆脱隶属于他人，赢得

---

① 严亚明."师夷长技"与魏源的民族意识 [J]. 思茅师范高等专科学校学报，2001（1）.

② 姚武. 论魏源思想在中西文化对话中的文化意义 [M]. 邵阳学院学报（社会科学版），2005（1）.

了自立，对正在创造富裕生活而努力的 20 世纪末叶的今天的东亚来说，我们也能找到魏源思想的轨迹，甚至可以说魏源思想也可以列为世界性的研究课题。"① 可见，魏源的思想观念及其思维方法具有强大的生命力和影响力。

魏源的跨文化理念，是魏源治学方法和思维方式的体现。在全球化多元化的文化语境中，现当代人文知识分子面临着一系列的文化困境和文化抉择，那么，近代思想者特别是作为"睁眼看世界派"的中坚人物魏源的跨文化探索理念，对现当代人文知识分子的文化反思会提供启示并产生影响。②

（二）魏源的文化探索精神

面对鸦片战争前后中国社会与文化的发展与变革，魏源以睁眼看世界的眼光，在《海国图志》中以"夷"的套话来彰显近代"他者"形象的嬗变，在内忧外患的文化语境中进行文化探索，其文化探索精神主要表现为经世致用的文化选择立场以及内外求索的文化探索途径。

首先来谈魏源经世致用的文化选择立场。魏源的著述有着鲜明的"以文经世"的特点，在《海国图志》的序言中，魏源对该书的创作目的表达明确：以睁眼看世界的眼光，唤醒沉睡的国民，以"制夷"为中心，实现富国强兵之目的。魏源开晚清经世致用之学风，他的著述理念诚然受到他的治学思想的深刻影响。魏源师从胡默庄学习汉学、随姚学塽治宋学，他虽然通晓汉学与宋学，但他认为汉学琐碎，引导人们埋头于故纸堆，宋学空腐，引导人们高陈义理空谈心性，把"汉学""宋学"斥为"腐儒""俗学"。他痛陈宋学、汉学给社会带来的危害，而转向今文经学的学习。魏源师从今文经学大师刘逢禄学习《春秋公羊传》，与龚自珍一起纵论古今，阐发今文经学的微言大义。他阐发今文经

① （日）滕间生大. 世界史上的魏源 [J]. 云梦学刊，1994 (12).
② 姚武，易能武. 论魏源思想中跨文化理念的成因及其价值 [J]. 邵阳学院学报（社会科学版），2010 (3).

学"变"的观点，传承顾炎武、阎若璩等人的经世传统，以今文经学为武器，提倡重实际、重实用的学风，力图扭转当时重考据、空谈义理的虚空学风，开晚清学风新气象。在编撰《海国图志》的过程中，魏源站在经世致用的文化立场，认为"势变道不变"，表达了较充分的文化自信。但西方列强的坚船利炮给魏源带来强烈的震撼，他认为"天朝上国"观念已经开始失落。当传统文化格局在近代被打破，面对文明的失落，魏源以"睁眼看世界"的新视野提出"师夷长技以制夷"的新主张，以探求中国传统文化近代发展的新突破。魏源坚持经世致用的实用主义原则，主张向西方学习，打破"华夏中心论"，改变了传统的"尊夏贱夷""以夏变夷"等原则，在一定程度上超越了华夷之辨的局限。

接下来论述魏源内外求索的文化探索途径。作为地主阶级改良派，面对内外交困的近代变局，魏源站在经世致用的文化立场，坚持"内外求索"的文化探索途径，一方面希望通过改革内政，以挽转大清帝国之颓势；另一方面主张学习西方先进的军事技术，以实现富国强兵之目的。魏源通过《海国图志》的编撰为统治阶级提供世界视野，希冀改变"闭关锁国"的文化交流现状，他认为统治阶级的"闭目塞听"也是导致近代困局的重要原因。同时，他还提出"变古愈甚，便民愈甚"，主张通过改革内政来改善民生，这些可以理解为魏源的"对内"改革主张。鸦片战争后中国签订《南京条约》，被迫放弃闭关锁国的外交政策，传统夷夏秩序已经无法适应近代"世界"视野中国际环境的新格局而逐渐失落。魏源在《海国图志》序言中主张通过"师夷"来达到"制夷"的目的，采取了向西方学习的态度，可谓"向外求索"。"变古"与"师夷"相结合，魏源以敏锐的眼光抓住了导致晚清衰颓的"内因"与"外因"，并针对性地采取了内外求索的途径和方法，既体现了他作为思想家的哲理思辨精神，又彰显了他敢于探索的文化担当精神。即便由于时代的限制和认识逻辑的作用，以及持续两千多年夷夏之辨观念的影响，魏源还不能完全放下文化优越感和文化自尊心，只是通过学习西方先进军事技术来维护清朝的统治，并未从制度上进行根本改变，但是他的思想具有深刻的启蒙作用，影响后续的洋务运动和维新变法，促进了中体西用观念的产生，客观上推动了中国近代化的发展。①

以城下之盟而宣告结束的鸦片战争，让不少爱国志士深感耻辱，他们痛定思痛，内外求索，积极寻求"制夷"之法。魏源正是在这种情况下，以自己高度的民族责任感编撰了《海国图志》这一具有里程碑意义的巨著。不论是书中所体现的"睁眼看世界"的开阔的文化视野，还是魏源"经世致用"的实用主义思想主张，抑或是站在世界视角的改良主义立场，都让我们感受到，近代中华民族、文化在遭受到鸦片战争这一"三千年未有之大变局"时，华夷之辨开始了近代转型。

第二节　《海国图志》中的"他者"形象

"夷"在《说文》中指的是"东方之人也"，最初是殷商王朝对东部各民族的统称，后来一般用来蔑指中原以外的各个蛮族，有时也用来指称外国或外国人。从先秦《山海经》到近代《海国图志》，中国文学描述了一系列异域、异族及异国形象（他者），在中国古典文学的"形象"发展史中，人们习惯于用"夷"的套话来概括这些"他者"形象。上文已经论述到，《海国图志》是中国文学（或文化）"他者"形象发展史中非常关键的一部作品，表现了鸦片战争前后"异"形象由"夷"到"他者"的嬗变。《海国图志》作为形象学文本，呈现了鸦片战争前后众多的"他者"形象，彰显"他者"形象的近代嬗变。根据形象学理论，"他者指主导性主体之外的一个陌生对立面或否定因

① 姚武. 魏源与"华夷之辨"的近代嬗变 [J]. 邵阳学院学报（社会科学版），2015（6）.

素，主体的权威因与之对立而得以界定"①，由此可见"他者"与"自我"的关系既对立又统一，且相互生成，"他者"形象的嬗变一定会伴随着"自我"身份的调整。接下来，根据《海国图志》的内容，结合鸦片战争前后的社会文化背景，从形象学"他者"与"自我"的互动视角来探析"夷"的套话与中国近代"他者"形象的嬗变。

一、《海国图志》中的"小他者"

鸦片战争爆发前，在中国人的传统认知里，不论是神话传说中的传奇人物，还是史书列传中的匈奴形象，抑或是诗歌小说中的海外诸国，甚至是日渐崛起的西方列强，在他们的眼中都不过是"未受教化"的"戎狄之邦"。而这类形象都有一个共同的特点，那就是他们的文化实力总体上都弱于中国（中原）。也正因如此，深受儒家文化影响的国人，也将其视为无伤大雅的"小他者"。由此不难发现，在中国人根深蒂固的传统观念中，这类鸦片战争前的"他者"形象，是根据以文野之分为基础的华夷之辨来区分"大他者""小他者"的。何为华夷之辨？华夷之辨又被称为"夷夏之辨"，它的出现时间可以追溯到上古华夏族体的形成时期，所界定的主要是华夏和蛮夷之间的种族差异，以及这些差异所带来的一些问题。那些符合华夏礼俗文明的群体，被视作华夏子民，而那些不符合的种族，则被视为蛮夷。随着中国的发展，国家版图也在不断地扩大，随着视野的开拓与认知水平的提升，人类的文明观念也在不断地更新。华夷之辨这一观念也在历史的车轮中被不断传承，并且逐渐影响着人民的民族意识，渐渐成为长期以来的一个基调。一直到近代，"夷"一词，除了指中国境内还没有被儒家文化同化的少数民族之外，也指境外的番邦和他国。因而，在魏源的《海国图志》中，这类"小他者"形象

---

① 张琪. 论多丽丝·莱辛的殖民地他者书写 [J]. 湖南科技大学学报（社会科学版），2017（4）.

也不少。

首先，《海国图志》中的"小他者"是综合实力弱于华夏民族的异域异族。

魏源在《海国图志》中曾多次提到之前被清王朝所征服的异域异族。鸦片战争前夕，魏源曾天真地将西方诸国与之前作乱于康熙雍正两朝的准噶尔进行类比："昔准噶尔跳踉于康熙雍正之两朝，……何患奋武之无会?①"他认为，准噶尔大盛之时与天朝对抗，也只是落得个迅速扫平、草草了结的下场，那么这一次的西方诸国，虽然来势汹汹，但只要我们泱泱大国把握住天时地利人和之机，又何必忧虑清除不了祸患？在这里，对中国并未构成威胁的番邦诸国，被视作是"小他者"。

其次，《海国图志》中的"小他者"是已经崭露头角却仍被蔑称为"夷"的西方诸国。

众所周知，古往今来，"番""蛮""寇""夷"等都是华夏民族常用来形容他族的词，而明中叶以后中国人将外国人蔑称作"夷"并加以轻视也是常态。② 在清朝许多的官方文书中，"夷性犬养"这一说法时常出现，类似于现在"狗娘养的"粗鄙表达，从这种轻视的言语中不难看出，那时的中国人仍保持着高高在上的姿态，并不以平等的眼光看待这些远道而来的"蛮夷"。就连最早倡言向西方学习的魏源，也在其《海国图志》中时常将西方诸国蔑称为"夷"，如他在《海国图志》原叙中说："是书何以作？曰：为以夷攻夷而作，为以夷款夷而作，为师夷长技以制夷而作。③"此时的魏源站在华夏文化中心主义的立场去看待西方列强，因而这里的"夷"仍是一种"小他者"形象。即便是鸦片战争之后，中国惨败于蕞尔之岛夷，对此，魏源也感到十分气

---

①③ 魏源. 魏源全集·海国图志 [M]. 长沙：岳麓书社，2004：2、1.

② 方维规."夷""洋""西""外"及其相关概念——论 19 世纪汉语涉外词汇和概念的演变 [J]. 北京师范大学学报（社会科学版），2013（4）.

愤，他说："凡有血气者所宜愤悱，凡有耳目知心者所宜讲画。"① 虽然魏源之后对《海国图志》进行了多次修补和更正，但在最开始刊行的五十卷本中，此类带有主观歧视的称呼或想法，依然不胜枚举。不仅如此，《海国图志》中也有多处体现了魏源本人对于本土文化的自信与自豪感。身处于儒家文化圈的魏源，满怀民族自豪感地认为，不论是人才还是资源，中国都占据着许多有利条件，"不必依赖于外夷"只是时间问题。由此可见，在当时国人的主观意识里，凡是"他者"，必是"夷狄"。这时候居庙堂之上的清朝官员们，并没有把这些拥有"奇技淫巧"的外国人放在眼里。所以在指称他们的时候，所用的词语都带着极大的侮辱意味，轻蔑至极，这也是传统文化语境中成长起来的读书人根深蒂固的"夷夏观"的表现。

拥有漫长的历史积淀，加上长期处于相对孤立的状态，使得人们形成了一种特有的文化心理。在当时的国人看来，世界上并没有一种文明能够与自己的文明相抗衡。千百年的雄踞高位、独步天下，使其与周边文化的关系总体上呈现出一种自上而下的优越感，这种高度的自我满足感在清王朝中前期尤为突出。"徒侈张中华，未睹环瀛之大"是当时社会的普遍心态②，西方崛起的列强在他们的主观意识里也不过是"腿不能打弯""一扑即不能起""不善陆战"的宵小之辈③。因此，在中西文化未有大规模碰撞之前，国人一直秉承着"中国乃世界文明之中心"的优越观念，华夏文化以"大自我"自居，对"小他者"形成一种俯视的态度。

"大自我""小他者"观念的形成是悠久的历史观念沉淀的结

① 刘勇. 十九世纪五六十年代《海国图志》在日本的传播和影响研究［D］. 重庆大学，2011.

② 赵鸣歧. 从《海国图志》看魏源的中西文化观［J］. 上海财经大学学报，1999（2）.

③ 焦会琦，雷桂贤. 论鸦片战争前后中国传统观念的变迁［J］. 中天学刊，2010（3）.

果，主要可从以下三个方面来探究其成因：

首先，以尊临卑的华夷等级秩序制度历史悠久，源远流长，早已深入人心。鸦片战争之前，中国人始终认为中国是政治上的宗主，周边的异国番邦只是其附庸，这种观念使得中国人在文化上一直自视甚高。从中古时期的"万邦来朝""四夷宾服"到乾隆中叶以来的闭关锁国政策，无不透露出中国人的强烈的优越感和自大的心理情结。当时统治者们常说："天朝物产丰盈，无所不有，原不藉外物以通有无。①"这种带着睥睨一切的气概的话语，正是中国人自视甚高的体现。不仅如此，这一类的狂妄自大的心态也能从其对"他者"的称呼中窥见端倪。例如，清朝时曾出使中国的两个英国使团，亲眼看到了沉浸在"天朝上国"迷梦之中的中央王朝，他们也在这种傲慢的姿态下铩羽而归。当时，国人尚以"中国"自居，他们蔑称那些用"万里梯航"来到本国的"远人"为"鬼"；称呼那些到达澳门的欧洲人为"红毛鬼"，而那些生活在通商口岸的外国人则被调侃为"番鬼"。其实纵观如今，诸如"鬼子""洋鬼子"此类的蔑称，仍有余迹。

其次，经济上的"闭明塞聪"让中国人逐渐"圈地自喜"。近代之前中国的经济基础是自给自足的自然经济。这种通过将简单的农业和手工业密切结合，来维持循环反复的简单再生产的经济方式，恰恰是商品经济的对立面，极大地限制了商品经济的发展，从某个方面也体现出当时社会生产力水平的低下以及社会分工的不发达。正所谓"经济基础决定上层建筑"，自然经济是封建国家的经济基础，重农抑商的理念也就成了古往今来历代统治者奉行的基本国策，在他们看来，农业是国家发展的根本。一方面，发展农业，就意味着封建国家可以通过征收土地税等方式，来避免国家财政的入不敷出，以及保证财政的收支平衡；另一方面，发展农业，也能够将农民牢牢地束缚在自己的田地上，有利于社会的稳定和谐。再加上确立了土地私有制，国家允许市民之

---

① 蒋良骐. 东华录 [M]. 中华书局，1980.

间自由买卖土地，因此，这种私有的财产占有具有较强的非延续性，而土地因为人们生意的往来，不断被集中或者分散，这为中国传统社会的长期延续提供了一种弹性。

由于自然经济自身的特征，以及千百年来统治者们推行的"以农立国"的治国理念，自给自足的自然经济在中国的地位牢固如山，不可动摇。经历了两千余年的发展，自然经济在清朝仍然具有绝对的统治优势。当然，它在发展的同时，也在逐渐成为制约生产力发展的重要因素，主要表现为它以自身的优势不断排挤着除自己以外的其他经济形态的发展。自然经济自身存在的明显局限性并未被中国人所发现。细观历史，不难发现，其实无论哪个朝代，吏治腐败，官吏营私舞弊、贪污成风的现象都存在着，而这种恶行在清朝中后期尤盛。回看清末时期，统治阶级风花雪月、文恬武嬉，一派歌舞升平，而这时，广大劳动人民却生活在水深火热之中。其中，不乏因为断港绝潢，走投无路，于是揭竿而起的农民。然而，纵使如此，这些为了生存而背水一战的人民，也未能使沉睡的统治者们清醒过来，他们仍然沉溺于"天朝上国"的可笑迷梦之中，难得"睁眼看世界"，对外来的威胁和挑战一无所知，更无从谈什么防备、应对措施了。

因而，在鸦片战争爆发之前，"闭目塞听"的清朝仕宦们依然把中外之间的正常贸易当成是中国对番邦国家和"化外戎狄之邦"的"恩赐"，他们明里暗里表现出的沾沾自喜，让他们理所当然地认为"一切洋货皆非所需"，因此要"绝夷船，即自拔木塞源"。① 这种做法其实在当时的中国知识分子们看来，是天经地义、名正言顺的，他们对西方一无所知，也就更不会知道这种偏激的做法操作起来的不切实际性。除此之外，当时的中国还哄传一种传闻：西方的"戎狄"们十分需要中国出口的茶叶、大黄等物品来帮助他们改善身体素质，否则就会因为消化不良而死亡。这种观念在现在看来，无疑是一种误解，甚至可以说是蒙昧

---

① 庚辰杂. 安吴四种：卷二 [M]. 光绪十四年刻本.

无知。但是究其根本，还是中国人长期以来受崇夏鄙夷的传统夷夏观以及"闭目塞听"的经济观所影响的缘故。

再次，在军事、科技上，国人们也有着强烈的优越感。鸦片战争前的中国领先世界的态势一直是十分鲜明的，不论是军事或者科技，抑或是财富、人口，中国都一直独领风骚，独占鳌头，令同一时期其他的国家都叹为观止，可望而不可即。例如改变世界的四大发明、令人叹为观止的医疗技术、宏伟优雅的建筑群系、磅礴温婉的文学巨作，等等，这些都是我们中国人一直以来的自豪与骄傲！但当时的中国统治者们依然"固步自封""圈地自喜"，过分陶醉于自己的伟大成就之中。他们并不知道，中国以外的世界正在发生巨变，他们还是一味地小看西方先进的科学技术，并将其视为"奇技淫巧"。梁廷枏曾说："天朝全胜之时，既资其力，又师其能，延其人而受其学，失体孰甚！①"不得不说，梁廷枏的观点表明了当时大多数中国知识分子的所思所想，他们都认为中国是西方先进科技的源头，完全没有必要去学习西方先进科技，况且向西方这些"化外之民""岛夷小国"学习实在是有损颜面，有损中华国威，不论是从事实还是从道理上讲，都是行不通的。这种在军事科技上的盲目自信和强烈的优越感将中国人对待"小他者"的主观态度展现得淋漓尽致。

二、《海国图志》中的"大他者"

《海国图志》被誉为"影响中国历史进程最大的一百本书之一"，所记录的众多"他者"形象中，除了有鸦片战争前站在华夏视角的"小他者"形象之外，更多的是鸦片战争后站在世界视角的新的"大他者"形象。

鸦片战争之后，中华文化的封闭格局被强势登场的西方列强所打破。清王朝亲眼看着西方殖民主义者用鸦片和大炮无情地撕开了古老东方帝国的庄严外衣，洋洋自得的中国人终于惊恐地意

---

① 梁廷枏. 夷氛闻记 [M]. 北京：中华书局，1959.

识到，这是一场中国"三千年未有之大变局"。不论是打开中国大门的坚船利炮，还是消磨国人精神意志的鸦片毒品，抑或是初露锋芒的诸国列强，这类展现出极强的压迫感的"他者"形象，让中国人的观念不得不发生改变。他们意识到，一直以来对于"夷"和"夏"的观念有所偏颇，"夷"不一定不如"夏"，甚至在某些方面"夷"还要强于"夏"。在这时，他们当初所不屑一顾的"小他者"已经变成了极具威胁的"大他者"。鸦片战争的失败，宣示着中国制霸天下的辉煌时期已经过去，世界上诸雄并起，早已是"万国"并立。英军的坚船利炮，也终于让清政府的部分官员和敏锐的知识分子有了如临深渊的危机感。紧迫的时代背景，使他们的思想受到了极大的震撼。这时，魏源以其先进的思想和长远的眼光，敢为人先，站在了世界视角对"他者"进行重新审视，并对《海国图志》进行了多次的校改与增补。因此我们在书中不难发现不少鸦片战争后的"大他者"形象，主要表现在以下两个方面：

一方面是展示着侵略姿态的西方诸国。如果把过去所有的"夷"看作是屡见不鲜的"小他者"的话，那么清末以侵略姿态强势出场的西方列强，就是前所未有、空前不遇的"大他者"。① 鸦片战争的一声炮响，打碎了中国的大好河山。自 1842 年《南京条约》中国将香港岛割让给英国之后，各国便都在觊觎着中国这块可口的"肥肉"。中国清政府在 1858 年和 1860 年割让东北大兴安岭以南、黑龙江以北、乌苏里江以东 100 多平方公里土地给沙俄。② 又于 1895 年向日本割让了台湾地区。甲午中日战争以后，情况愈演愈烈，列强完全暴露出侵略本性，掀起了瓜分中国的狂潮。拥有几千年文明的偌大中国，就这样以鸦片战争为起

---

① 杨晓林. 从"夷"到"他者"——中国文学中"异"的形象学分析 [D]. 广西师范大学，2002.

② 中国近代史编写组. 中国近代史 [M]. 北京：中华书局，1983.

点，逐渐被肢解。① 西方列强强势出场，其侵略姿态显而易见。而这一场"鸦片战争打破了中国天朝大国的优越感，鸦片战争中国战败，清政府割地赔款，不得不重新了解自身和世界。对于那些亲身经历了鸦片战争的官员以及知识分子而言，鸦片战争给他们带来了巨大的思想震撼"②。与历史上的任何一次蛮夷入侵都不一样，几千年的历史提供不了解决方案，传统的"文死谏，武死战"的豪情壮志也解不了燃眉之急，真正的爱国主义已不再仅仅是岳飞式的"精忠报国"，还应该包括对国家命运的深刻担忧，对救国良策的苦苦追寻。在这种举国皆谈"中外大防""华夷之辨"的时代背景下，数不尽的仁人志士为拯救国家而殚精竭虑，煞费苦心，直至牺牲自己的生命。于是，面对如此紧迫惶急的局面，魏源凭借自己对国家、民族的高度责任感站了出来。他广泛搜集各种中外文献和著述，进行加工整理，在 1842 年 12 月刊行了最初的《海国图志》，勇敢地提出了"师夷长技"的真知灼见。但这一种师其长技，改革图强的观念，触动了某些人的敏感神经，他们不愿承认自身不足，于是以"华夷之辨"的论说对其进行抵触。因此，要想变革图强，势必要突破中国社会这种根深蒂固的对外观念。

另一方面是承载着先进文明的西方器物。有这样一种说法："中国的大门是让西方人用坚船利炮打开的。"伴随着西方列强的入侵，一些先进的技术和器物也逐渐进入到国人的生活中，如魏源在《海国图志》中就不止一次表达了向西人器物学习的态度。而当时的一些上层官僚阶级思想顽固不化，他们竭力反对制造机器，认为机器是"奇技淫巧""形器之末"。魏源对其狂妄自大的姿态进行了批评，并说："古之圣人刳舟剡楫，以济不通，弦弧

---

① 张琪. 鸦片战争对中国社会的影响 [J]. 西安联合大学学报, 2003 (4).

② 沈桂登. 鸦片战争对中国传统观念的影响 [J]. 安徽文学 (下半月), 2016 (11).

剡矢，以威天下，亦岂非形器之末？"① 由此也可以看出，西方的一些事物进入到中国之后，已经悄无声息地侵入了人们的思想观念，这也是"大他者"的表现之一。

而这种观念的转化，也表现在《海国图志》的增补和修订过程中。这一期间，魏源的思想和眼界在不断进步，因而在书中也曾多次提出区别地对待外国人，不要再把"有教化之国皆谓之夷狄"，反对主观上的歧视与偏见。他解释说："夫夷狄之名，专指残虐性情之名，未知王化者言之。②"对域外之人不能笼统地冠以"夷狄"之名。因此，在校改《道光夷舰征抚记》一书时，他把原书中所有的"夷"字都改为"洋"字，连书名也变为《道光洋舰征抚记》。再如他在搜录各种材料时，把原来各国译名的口偏旁全部移除，并以同音字代替原译不太雅观的字，像"斯扁"改作"大吕宋国"，或西班牙。尽管他还是习惯性地把他国称之为"夷"，但在书中已多次称赞西方各国的文明教化。由此可以看出，魏源在编纂《海国图志》的过程中，虽然并未完全抛弃"华夷观"，但是也在逐渐改变那种传统观念。他不再站在华夏文化中心的立场去看待异域的文明，而是基本上尊重各民族文化，遵循各地区发展的程度来区分"良友"与"夷狄"，以现在的观点看来，这无疑是一种平等的对外文化思想。③

"大他者"的形成是古今之交文化冲突与碰撞的结果，主要可从两个方面来探析其成因：

其一，西方列强的强势出场动摇了国人的传统观念。在鸦片战争前后，由于中国处于水深火热、内忧外患的严峻环境中，中国传统观念也在悄然发生着相应的转变，较为典型的是在夷夏观方面，中国人开始面对现实，向近代民族主义转变，表现为能够正确认识中国的落后，并承认西方国家在军事、工业等方面的先

①③ 赵鸣歧. 从《海国图志》看魏源的中西文化观 [J]. 上海财经大学学报（社会科学版），1999（2）.

② 魏源. 海国图志 [M]. 郑州：中州古籍出版社，1999：1092.

进，进而提出向西方国家学习先进技术的倡议。① 鸦片战争后，来华的西人不仅传播了西方的史地知识、政治学说，而且带来了西方的宗教信仰。因此，魏源在《海国图志》中，围绕"制夷"这个中心，对世界各国的各种情况做了详细而全面的介绍，给中国人提供了关于世界全新的，也是正确的认识。② 在宗教方面，魏源对当时世界上林林总总的教派进行了考察。如印度的佛教和婆罗门教、阿拉伯的伊斯兰教、欧罗巴的基督教等，受当时条件的限制，魏源难以弄清这些宗教之间的关系。因此，魏源将一些历来接受儒家文化陶冶的国家看作一类，称之为"儒教"文化圈，如中国、朝鲜、日本、安南等，而这一文化圈正好将其区分开来。古今中外的历史研究也已表明，不同的宗教教义、习俗是各民族难以抹煞的文化印记，不同的国家、民族乃至宗教之间，要实现认识或信仰的完全同一是不可能的，同中有异才是其正常现象。③ 因而，在不同文化发生交融的过程中，魏源主张"因其教不易其俗，齐其政不易其宜"。④

从这里我们可以看出，魏源已经认识到，在不同民族之间进行文化交流时，凭借武力征服是无法达到和谐统一的，要学会尊重他人的信仰和风俗。所以他在《海国图志》中的记叙，一方面合情合理地批判了以华夏文化为中心的思想，一方面又否定了全盘西化的观念，这就从某种意义上冲破了以华夏为中心的思维模式，使坚不可摧的中国传统文化体系第一次出现了一道裂缝。虽然以宗教作为文化的本质特征确实失之偏颇，但在当时众人皆推崇"华夷之说"的历史背景下，魏源能比较彻底地摈弃唯我独尊的华夏观念，把中西文化置于对等的位置加以比较，且取其精

① 焦会琦，雷桂贤. 论鸦片战争前后中国传统观念的变迁 [J]. 天中学刊，2010（6）.

② 刘勇. 十九世纪五六十年代《海国图志》在日本的传播和影响研究 [J]. 重庆大学，2011.

③④ 赵鸣岐. 从《海国图志》看魏源的中西文化观 [J]. 上海财经大学学报（社会科学版），1999（2）.

华，去其糟粕。这样的文化领悟实属难能可贵。不仅如此，西方人还可以在中国兴办教育事业，他们所创设的这些学校虽然宗教气息浓厚，但一般都开设英文、历史、地理、算术、代数、几何、初等机械学、生理、音乐、化学等课程。① 这也在客观上冲破旧教育体制的"一家独大"，一定程度上开拓了人们的视野，培养了早期具有近代观念的人才，对于转化中国士子文人的知识结构，起了一定的作用。由此可见，西学的输入初步改变了中国传统文化的知识结构，即由原来以儒学为主体的一元构架变为中西两种文化并存的二元构架。②

其二，社会与文化的双重危机让华夷秩序逐渐走向崩溃。众所周知，华夷之辨是在华夏民族面临共同危机的时候产生的。一方面它维护了华夏尊严，另一方面，它也形成了华夏文化的空前民族意识。这种民族意识让诸夏各国产生了强大的凝聚力，共同抵御外族入侵，使我们灿烂的华夏文化得以绵延发展。然而随着时间的推移，中国人一味地故步自封导致"满族王朝的声威一遇到英国的枪炮就扫地而尽，天朝立国万事长存的迷信破了产"③。鸦片战争之后，清政府被迫打开了闭关锁国的大门，中外交往日渐频繁，华夷之辨的观念也开始发生歧变。这一"古今一大变局"，不仅使一些先进的仁人志士加深了对西方列强的认识，同时也开始改变中国一直以来的对外经济观念。如在《海国图志》初本中，辑录了西方人于 1840 年出版的《贸易通志》一书的内容，介绍当时世界各国的贸易情况，其中可以看出，魏源对于"中国以农立国，西洋以商立国"这一观点也比较认同。④

通过探析，魏源认识到英国是"岛夷之雄"，是当时西方最

---

①③ 朱俊强. 鸦片战争前后中国文化的变迁及其影响 [J]. 社会科学家，1996（5）.

② 沈桂登. 鸦片战争对中国传统观念的影响 [J]. 安徽文学（下半月），2016（11）.

④ 赵鸣岐. 从《海国图志》看魏源的中西文化观 [J]. 上海财经大学学报（社会科学版），1999（2）.

为发达的资本主义国家，因此，他在《海国图志》的地志部分，用了四卷篇幅仅仅只介绍英国一国。不仅如此，这种异于农耕文化的工商业社会的生活图景，在魏源的《海国图志》中曾大量出现。在这里，魏源并不是在简单地复述西方国家的社会经济生活，他敏锐地察觉到，西方人的坚船利炮是由其背后隐藏着的经济结构带来的，对此他十分艳羡，曾感叹道："西班牙搜奇天外，荷、佛蛮触海隅，英人极意经营，可谓好勤远略矣！①"在军事方面，从鸦片战争中国战败之后，魏源在愤懑的同时，也看到了西洋国家的气势正昌盛，泱泱大清的气运却逐渐衰微，这种鲜明对比使他清醒地认识到中国与世界之间的巨大落差。他把中国和英国之间的相互了解程度进行了对比，发现，中国是"以通市二百年之国，竟莫知其方向，莫悉其离合"，而英国"建英华书院，延华人为师，教汉文汉语，刊中国经史子集，图经地志，更无语言文字之隔，故洞悉中国情形虚实"，所以魏源得出这样的结论："善师四夷者，能制四夷；不善师外夷者，外夷制之。②"因此，他提出"师夷长技以制夷"这一深刻的哲理性结论。

此外，在《筹海篇》里魏源也提出："沿海商民，有自愿仿设厂局以造船械，或自用，或出售者，听之。③"在他看来，"有用之物，即奇技而非淫巧"④，这也是对西方物质文明的首次肯定。魏源还以其独特的文化视角发现"夷人之长"是多层次的，西方先进的科学技术也并不仅仅是坚船利炮。他曾说："人但知船炮为西夷之长技，而不知西夷之所长不徒船炮也。赡之厚，故选之精，……无其养赡，而欲效其选练，亦不能也。"⑤ 由此可见，魏源作为一个敏锐的知识分子，对世界大势已经有了清晰的判断。他能够将中国与西方诸国放在一个平等的观念下进行比

①②③④ 魏源. 魏源全集·海国图志 [M]. 长沙：岳麓书社，2004：585、7、33、31.

⑤ 赵鸣歧. 从《海国图志》看魏源的中西文化观 [J]. 上海财经大学学报（社会科学版），1999（2）.

较，且根据他们在不同方面所表现出的差异性，深刻地意识到改变中国现状的紧迫性，这在当时的社会是十分难能可贵的。这一种思想观念的转变，使中国人的国家认同和记忆在 19 世纪之后发生了断裂、转型和更新。从前作为"蛮夷"的"他者"开始进入并成为中国国家认同的内容，由此也标志着中国历史开启了新的历程。

第三节　《海国图志》中"夷"的套话的近代裂变

对《海国图志》中"夷"的套话的裂变进行探析，有必要了解"夷"的内涵的发展与变迁。"夷"在《说文》中指的是"东方之人也"，最初是殷商王朝对东部各民族的统称，后来一般是用来蔑指中原以外的各个蛮族，有时也用来指称外国或外国人。① 从先秦《山海经》到近代《海国图志》，描述了一系列异族及异国等异域形象，人们习惯于用"夷"的套话来概括这些"他者"形象。在传统"夷夏之辨"观念中，"夷"的套话所囊括的"他者"形象，主要是四方蛮族，即所谓"东夷西戎南蛮北狄"，其整体实力弱于中原，以"小他者"的形象呈现。而《海国图志》的编撰背景正属于"千古未有之大变局"时代，因而延续了千年的"夷"的套话也会随着社会与时代的变革而发生裂变。对《海国图志》的内容进行形象学探析，可以发现"夷"的套话主要裂变为"传统的小他者""强势的大他者"及"对话的他者"形象。根据形象学研究理论，"他者指主导性主体之外的一个陌生对立面或否定因素，主体的权威因与之对立而得以界定"②，"他

---

① 杨晓林. 从"夷"到"他者"——中国文学中"异"的形象学分析 [D]. 广西师范大学，2002.

② 张琪. 论多丽丝·莱辛的殖民地他者书写 [J]. 湖南科技大学学报（社会科学版），2017（4）.

者"与"自我"存在着既对立统一又相互确证的关系,伴随着《海国图志》中"夷"的套话的裂变一定会有"自我"身份的反思与重构。

一、传统"小他者"的惯性呈现与近代"大自我"的迷梦沉醉

在中国人的传统认知里,不论是神话传说中的传奇人物,还是史书列传中的匈奴形象,抑或是诗歌小说中的海外诸国,在他们的眼中都不过是"未受教化"的"戎狄之邦"(异族)。而这类形象都有一个共同的特点,那就是他们的文化实力总体上都弱于中国(或中原),这些"夷"的形象被视为是无伤大雅的"小他者"。这类形象扎根在中国人根深蒂固的传统观念中,以至于形成思维定式导致闭目塞聪。其予以立足的"自我"文化立场便是"华夷之辨"的传统政治理念。何为华夷之辨?华夷之辨又被称为"夷夏之辨",它的出现时间可以追溯到上古华夏族体的形成时期,所界定的主要是华夏和蛮夷之间的种族差异,以及这些差异所带来的一些问题。那些符合华夏礼俗文明的群体,被视作华夏子民,而那些不符合的种族,则被视为蛮夷,在形象学研究中,文化实力较弱的蛮夷等被称为"小他者",文化实力较强大的华夏族则是"大他者"。"华夷之辨"观念在漫长的历史长河中被不断传承,并且逐渐影响着人民的民族主体意识,渐渐成为流传久远的一个文化基调。

即便到了社会与文化发生深刻转型的古近之交,由于文化惯性力量的影响,在魏源的《海国图志》中仍然存在以"华夏"为中心所俯视的"小他者形象"。在《海国图志》原叙中,魏源曾天真地将鸦片战争初期西方列强与之前作乱于康熙雍正两朝的准噶尔进行类比:"昔准噶尔跳踉于康熙雍正之两朝,……。何患攘剔之无期,何患奋武之无会。①"他认为,准噶尔大盛之时与天

---

① 魏源. 魏源全集·海国图志 [M]. 长沙:岳麓书社,2004:1.

104

朝对抗，也只是落得个被迅速扫平、草草了结的下场，那么这一次的西方诸国，虽然来势汹汹，但只要我们泱泱大国把握住天时地利人和之机，又何必忧虑清除不了祸患？受传统文化思维的影响，在这里，魏源把并未构成威胁的番邦与作乱的准噶尔蛮族加以类比，都被视作"小他者"。

众所周知，"番""夷""蛮""寇"等都是华夏民族常用来形容他族的词，伴随着中外文化交流的越发频繁，明中叶以后中国人将外国人蔑称为"夷"并加以轻视也是常态。① 在清朝许多的官方文书中，"夷性犬养"这一说法时常出现，从这种轻视的言语中不难看出，那时的中国人仍保持着高高在上的姿态，并不以平等的眼光看待这些远道而来的"蛮夷"。就连近代最早倡言向西方学习的魏源，也在其《海国图志》中时常将西方诸国蔑称为"夷"。此时的魏源站在华夏文化中心主义的立场去看待西方列强，因而这里的"夷"仍是一种"小他者"形象。即便是鸦片战争当中中国惨败于蕞尔之岛夷，魏源对此也感到十分气愤，他说："此凡有血气者所宜愤悱，凡有耳目心知者所宜讲画也。②"虽然魏源之后对《海国图志》进行了多次增补和修订，但在最开始刊行的五十卷本中，此类带有主观歧视的称呼或想法，依然不胜枚举。由此可见，魏源作为地主阶级改良派，仍然没有完全从"华夷之辨"的政治思维中摆脱出来。在当时国人的主观意识里，普遍地认为凡是"他者"必是"夷狄"，所以在指称他们的时候，所用的词语都带着极大的侮辱意味，轻蔑至极。即便是居庙堂之高的清朝官员们，也没有把这些拥有"奇技淫巧"的外国人放在眼里，都沉醉在"大自我"的迷梦之中。

---

① 方维规.《夷""洋""西""外"及其相关概念——论19世纪汉语涉外词汇和概念的演变 [J]. 北京师范大学学报（社会科学版），2013（4）.

② 魏源. 魏源全集·海国图志 [M]. 长沙：岳麓书社，2004：2.

二、"大他者"的强势出场与"自我"的艰难反思

由于形象具有投射性特征,在他者与自我的互视过程中,他者形象的转型势必会导致对自我形象作出调整。投射性指主体欲望的投射,也就是说,作家在塑造异国形象时,会有意无意地把自我形象投射到异国形象上,如前述唐代文学中日本人的"人类形象",本质上是一种复制自我的过程。"一种文化对另一种文化的知识和想象,经常是该文化自身结构本质的投射和反映,它意味着该文化自身的本质与现实之间出现了断裂,于是就以想象的形式投射到异域文化中去,这种异域形象实际上渗透着自身内在的本质形象。"这是问题的一方面,另一方面,当形象塑造者一方的文化远远优越于被观察者一方时,也会产生自我投射,把自身的某些文化信息附加到他者身上。① 在想象和塑造异国形象的同时,形象塑造者也在进行着自我审视和反思,异国形象对本土来说是他者,作家在对他者进行描述时,总会表露出对自身社会不便表述或不易感知的某些东西。② 鸦片战争后,随着他者形象的近代转型,文学中的自我形象也会有反思甚至重构。

鸦片战争之后,华夏文化的封闭格局被强势登场的西方列强所打破。清王朝目睹西方殖民者用鸦片和大炮无情地撕开了古老东方帝国的庄严外衣,洋洋自得的中国人终于惊恐地意识到,这在中国是一场"三千年未有之大变局"。不论是打开中国大门的坚船利炮,还是消磨国人精神意志的鸦片毒品,抑或是初露锋芒的诸国列强,这类展现出极强的压迫感的"大他者"形象,让中国人的观念不得不发生改变。鸦片战争的失败,宣示着中国制霸天下的辉煌时期已经过去,世界上诸雄并起,早已是"万国"林立。英军的坚船利炮,也终于让清政府的部分官员和敏锐的知识分子有了如临深渊的危机感。紧迫的时势变换,使得他们的思想受到了极大的震撼。这时的魏源以其敏锐的思想和睁眼看世界的

---

① ② 张志彪. 中国文学中的日本形象研究 [D] 兰州大学,2007.

106

眼光，敢为人先，洞察时变，对"他者"进行重新审视，并对《海国图志》进行了多次的校改与增补。《海国图志》被誉为"影响中国历史进程最大的一百本书之一①"，所记录的众多"他者"形象中，除了站在华夏中心视角的"小他者"形象之外，更多的是鸦片战争后站在世界视角的新的"大他者"形象。

这些大他者形象主要分为两类，一类是展示着侵略姿态的西方诸国，其代表便是英国。《南京条约》签订后，割地赔款等屈辱条款让魏源开始重新审视鸦片战争中的侵略者，虽然表面上满不在乎，但是内心里悲痛气愤。英国是鸦片战争中的侵入者，为了让国人更清楚地了解这个"大他者"，魏源在《海国图志》中，用四卷（第五十卷到第五十三卷）的篇幅来描述英国，而且在三卷《夷情备采》（第八十一到第八十三卷）中也提到英国。② 还有一类是给中国人带来深重伤害的西方器物，魏源在《海国图志》中用较大的篇幅（从第八十四卷到第九十五卷）介绍了西方的科技及舰船、机器、枪炮等的制作方法。③可以说"中国的大门是让西方人用坚船利炮打开的"。因而，近代西方器物从进入中国的大门开始就扮演着"侵略工具"的角色，相对于封闭落后的晚清军事技术，西方列强仰仗舰船和火炮，一路长驱直入，让大清帝国几乎无力回击。西方侵略者的"坚船利炮"无疑是"大他者"的角色。

鸦片战争中的西方列强已经不同于中国传统文化认知中的"夷"，他们以势不可当的侵略者的姿态强势呈现。这对于那些保持清醒头脑的亲历鸦片战争的主战派及人文知识分子来说，在思想上无疑带来了巨大的震撼。乃至于李鸿章无不感慨地认为这是"三千年未有之大变局"。几千年来所积累的"文死谏，武死战"

的应对夷狄的方法已经不再适用。处在中西冲突古近之交漩涡中的魏源，作为"睁眼看世界"的先行者，在《海国图志》中清醒地认识到世界的格局与变化，主张学习西方先进的军事技术，以实现富国强兵之目的。在《海国图志》中，魏源主要把先进的军事及机器制造技术概括为"夷技"，当然也不排除西方的政治制度及文化习俗等。站在"师夷制夷"的立场，这些"夷技"是魏源主张学习的重点对象。然而，魏源并不是盲目地学习"夷技"，"师夷"是为了"制夷"，以"大他者"的手段来抵抗"大他者"的侵略。但这一种师夷长技、改革图强的观念，触动了某些人的敏感神经，他们不愿承认自身不足，于是以"华夷之辨"的论说对魏源进行批判。作为保守派的上层官僚，他们思想顽固不化，竭力反对制造机器，认为机器是"奇技淫巧""形器之末"。作为改良派的魏源对保守派的盲目自大进行了批评，他说："古之圣人刳舟剡楫，以济不通，弦弧剡矢，以威天下，亦岂非形器之末？①"在《海国图志》中，魏源认为西方先进技术是"奇技"而非"淫巧"，并主张学习它们。这是中国人观念上的重大变化，即由"鄙夷"到"师夷"的转变。

从"鄙夷"到"师夷"的转变，从形象学研究来理解，随着"自我"与"他者"互视的态度改变，其身份也会相应地做出调整，当西方列强以"大他者"的身份出现，曾经沉浸在"大自我"迷梦中的大清帝国也开始惊醒，一些清醒的人文知识分子开始反思自己的文化身份。在《海国图志》原叙中，魏源对著述的目的写得非常清楚：为"攻夷""款夷""制夷"而作。这是作为一个敢于担当的人文知识分子在社稷危难之际的文化反思与文化探索。另外该书的编撰还包含这样一个非常重要的目的：以睁眼看世界的眼光，唤醒沉睡的国民之魂。在《海国图志》（一百卷版）中，大部分篇幅是用来描述世界各国的地理位置、历史沿

---

① 魏源. 魏源全集·海国图志［M］. 长沙：岳麓书社，2004：1934.

革、政治、经济、宗教、文化习俗等，其篇幅有近七十卷。① 其表现形式为图文并茂、左图右文，加注释及按语评说等。根据《海国图志》序言中"悉夷——师夷——制夷"的思想逻辑，其史地志部分就是要让国人认清大清王朝在世界版图中的位置，提醒整个国民一起反思"自我"文化，促使国民逐步摆脱华夏中心的传统认知。此外，"悉夷——师夷——制夷"还暗含着自我文化身份的消解与重建，"师夷"在某种程度上表现了"大自我"形象的失落，"制夷"毋庸置疑表达了魏源文化自信的态度及"大自我"的重建。而且这其中还包含了重建的途径："悉夷制夷"及"以夷款夷"。这也就不难解释他为什么要用四卷的篇幅来介绍英国，只不过是"知己知彼，百战不殆"的"制夷"途径而已。此外，"以夷款夷"之策类似于中国太极的"借力打力"。综上所述，"大他者"的强势出场虽然表面上没有撼动"大自我"的地位，但以魏源为代表的人文知识分子对"自我"进行了艰难地探索与反思，而且这种对"自我"进行反思的思潮势必一浪高过一浪。

三、"对话的他者"的出现与"自我""他者"之间平等地位的建构

认识他者与认识自我密不可分，一个作家，不管出自何种目的，塑造出怎样的异国形象，本质上都是把异国作为一个他者来处理的。以此为出发点观察、认识异国，他所注重的必然是异国与自我的差异性。而这样一个他者——这个他者身上具有和自我完全不同的特质——就成为反观自我的一面镜子，他者实际上成了一个与"此在的自我"不同的自我。这种关系提供了一种互动的认识过程，通过这一镜像，即在不同的文化背景中，观察自我在这个背景上的投射，从而达到更深入、更理性地认识自我的目

---

① 魏源. 魏源全集·海国图志 [M]. 长沙：岳麓书社，2004：45—1786.

的。当代形象学研究者意识到，传统研究中注重形象与原型间的接近程度，注重辨别形象的真伪，实际上，这有违于形象研究的本意，也不是形象研究的最终目的。一个作家作品中的异国形象，并非仅仅是异国社会现实的再现，而是对本国社会现实的反映、反省和批判。在对自我与他者互动关系的研究中，当代形象学也由注重他者转化为注重自我，研究他者同时成为研究自我。①

在形象学研究中，自我与他者之间由于互动关系可以构筑对话的空间，拥有共同对话空间的标的物可以称为"对话的他者"。在魏源《海国图志》中具有共同对话空间的"他者"主要是"宗教文化"等。在《海国图志》的第七十一卷中，魏源列出了"南洋西洋各国教门表"②。

明清之际与古近之交是中外宗教文化交流史上两个非常重要的时期，意大利来华传教士利玛窦（1552—1610）和晚清著名启蒙思想家魏源，分别是这两个时期宗教文化探索的代表人物。利玛窦导引明清之际"会通中西"潮流，魏源引领古近之交"西学东渐"风尚。明清以前，中外宗教文化交流主要遵循西方宗教传入中国、中国本土化宗教传播到东亚和东南亚的途径进行传播与交流。古近之交，随着世界史地学的发展，中外宗教文化交流更为频繁而且实现了中西互动，西方宗教改革后的基督新教传入中国，大批西方传教士进入中国传教，这样便形成了宏阔的宗教文化视野。拥有世界意识是形成宏阔的世界宗教文化视野的基础，魏源潜心于世界地理知识的探讨，形成了鲜明的世界宗教意识。魏源以"睁眼看世界"的眼光，对中国近代宗教文化进行全方位的探索。他饱读诗书，儒学造诣很深；由于性格因素和人生坎坷，中年时对佛学感兴趣，晚年皈依佛门；他经历或目睹了西北

---

① 陈晶. 北美华裔女性文学研究的现实关怀［J］. 北方论丛，2012（7）.

② 魏源. 魏源全集·海国图志［M］. 长沙：岳麓书社，2004：1787.

地区和东南沿海的战事，与回民信仰的伊斯兰教和英国人信仰的基督教有近距离的接触，因而魏源的宗教视野及见解比同时代的其他知识分子更为深刻。在他的文化视野中，宗教文化是中外文化交流的重要组成部分，他的宗教文化探索也最能体现其文化交流思想的内核。

在不同文化发生交融的过程中，魏源主张"因其教不易其俗，齐其政不易其宜"。从这里我们可以看出，魏源已经认识到，不同民族之间的文化交流凭借武力征服是无法达到和谐统一的，要学会尊重他人的信仰和风俗。

即便宗教文化是文化的重要组成部分，但是把宗教看作是文化的本质特征还是失之偏颇的，在当时众人皆推崇"华夏中心"的历史背景下，魏源能比较彻底地摒弃"华夷之辨"的观念，把中西宗教文化置于对等的位置加以比较，且取其精华，去其糟粕，这样的文化觉悟实属难能可贵。除了传播宗教文化之外，西方人还可以在中国兴办教育，他们所创设的这些学校虽然宗教气息浓厚，但一般都开设了英文、历史、地理、音乐等人文课程及算术、几何、生理、化学、机械学等科学课程。这也在客观上冲破了旧教育体制"一家独大"的现状，一定程度上开拓了人们的视野，培养了早期具有近代观念的人才，对于转化中国士子文人的知识结构，起了一定的作用。由此可见，西学的输入初步改变了中国传统文化的知识结构，即由原来以儒学为主体的一元构架变为中西两种文化并存的二元构架。① 而且，要实现二元架构中的"自我"与"他者"的有效对话，这两者必须是趋向于遵循求同存异原则的平等主体，这也是建构和谐公共对话空间的基础，魏源在这一方面无疑进行了尝试与探索。

综上所述，近代以前，清朝统治者们常以"天朝上国"自居，国人也沉沦于这场荒唐的迷梦中无法自拔。在"华夷之辨"

---

① 朱俊强. 鸦片战争前后中国文化的变迁及其影响［J］. 社会科学家，1996（3）.

的影响下，不论是综合实力弱于华夏民族的异域异族，还是已经崭露头角却仍被蔑称为"夷"的西方诸国，都被看作无足轻重的"小他者"。鸦片战争的一声炮响，让清王朝长期蓄养的疮疤彻底溃发，并且随着战后社会危机的逐渐加深日渐恶化。① 不少有识之士惊恐地意识到，这些被他们看作是"蛮夷之邦""化外之民"的西洋诸国，早已经日新月异，并且呈现出蒸蒸日上、一日千里、蓬勃昌盛的发展趋势，与它们相比，大清帝国无疑是日薄西山、江河日下。而这时，不论是展示出侵略姿态的西方诸国，还是承载着先进文明的西方器物，都是以"大他者"姿态强势呈现。由此我们可以看出，"大他者"和"小他者"之别，在于视角的差异。鸦片战争前，人们总以高高在上的华夏视角去看待"他者"，因而将那些对其构不成威胁的事物都称为"小他者"。鸦片战争后，不少仁人志士则站在了世界视角，发现了一个新的"他者"，那就是极具威胁力的"大他者"。从比较文学形象学的视角来分析古今之交的"中""西"形象，以西方列强为代表的"大他者"的强势出场，势必会导致华夏文化"大自我"的急剧坠落，"他者"形象在近代产生嬗变是历史发展的必然。

---

① 朱俊强. 鸦片战争前后中国文化的变迁及其影响 [J]. 社会科学家, 1996 (3).

第四章　魏源诗文与中国近代"他者"形象的转型

　　魏源诗歌题材有"十诗九山水"的特点，以展现"自我"意象的山水题材诗歌为主，魏源诗歌中也有为数不多的呈现独特"他者"意象的异域题材诗歌。魏源诗歌主要以"神话""异族""异国"等异域题材呈现"想象的他者""小他者""大他者"等意象，表现出鲜明的近代化特征，彰显魏源经世致用的文化探索精神。魏源留有近900首诗歌，主要收集在《古微堂诗集》中。①关于魏源的诗歌研究，研究者主要对魏源山水诗的主题、意蕴、语言等进行研究，并没有从形象学视角对魏源的诗歌进行探析。在形象学研究中，诗歌的"意象"也可以归入到"形象"的范畴。②从比较文学形象学来探析魏源的诗歌，魏源不仅以山水题材诗歌的形式展现众多的"自我"意象，也以异域题材诗歌的形式展现独特的"他者"意象。魏源的异域题材诗歌具有鲜明的近代化特征，表现近代他者形象的转型，通过对其进行分类研究，可以窥探魏源开放的文化视野，理解和领会他的艰苦而卓越的文化探索精神。③

---

　　①③　姚武. 魏源的异域题材诗歌及其近代化特征探析 ［J］. 老区建设，2019（14）.

　　②　孟华. 比较文学形象学 ［M］. 北京：北京大学出版社，2001：9.

第一节　魏源异域题材诗歌中的
"他者"形象及其近代化特征

魏源的诗歌创作以山水题材为主，但他也创作了不少的异域题材诗歌。魏源以睁眼看世界的视野，不仅把异族异国的器物作为诗歌题材，还把异族异国的文化风俗引入诗歌创作中。在形象学研究中，"异域"主要指异族和异国。魏源的异域题材诗歌是指魏源创作的表现异国、异族形象的诗歌。研究魏源诗歌中的"异域"形象，对其进行分类探析，可以为揭示魏源异域题材诗歌的近代化特征提供基础。

一、魏源诗歌中的异域题材分类

可以从文化视角将魏源的异域题材诗歌分为两类：战争题材类、风俗类。

（一）"异域"题材之战争题材类

魏源诗歌中的"异域"题材主要体现在他的战争诗中，其中他描写鸦片战争的诗就有 100 余首，比较著名的有：《金陵怀古八首》)（1840 年），《江口晤林少穆制府二首》《题林少穆制府饲鹤图》《自定海归扬州舟中四首》（以上 1841 年），《寰海后十首》《君不见十六章》（以上 1842 年），《普陀观潮行》《钱塘观潮行》《秦淮灯船引》《金焦行》《春日书感二首》（以上 1843 年），《居庸关二首》（1844 年），《都中吟十三首》《题汤雨生双笠图》（1845 年），《江南吟十首》（1849 年）等。战争题材类主要是指魏源诗歌中涉及了交战的内容，以《寰海十一首》为例，诗人看到了清王朝政治制度的腐败，并警醒人们要想强国就必须改革清王朝的内政。《寰海十一首》是魏源的一组七言律诗，创作于 1840 年，但从这组诗的内容看，大部分应当是写作于道光二十一年（1841 年）。

114

《寰海十一首》其四曰："谁奏中宵秘密章，不成荣、虢不汪、黄。已闻狐鼠神丛托，那望鲸鲵澥渤攘。功罪三朝云变幻，战和两议镆冰汤。安邦只是诸刘事，绛灌何能赞塞防！"① 这首诗以鸦片战争前后中国的时局为题材，而鸦片当时是从英国引进的，是"异域"产物。鸦片战争是鸦片贸易导致的战争，是英国政府以虎门销烟为借口，对中国发起的侵略性战争。这首诗主要批判了朝廷官员的不作为，以及晚清时政治局面的腐败。面对帝国主义的侵略，清政府只顾维护自身的统治地位，不顾及国家的兴亡，百姓的安危，反而结党营私，不采纳先进人士的提议，向西方学习，不再闭关锁国，主动跟上时代的步伐，而是被迫沦为半殖民地。诗的前两句写出了朝廷官员的互相勾结、狼狈为奸，实在是让人愤恨。三、四句中的"狐鼠"实际上是暗喻朝堂上那些结党营私，不作为，不以国家利益为首，不关心人民疾苦的大臣。这里的"神丛"是借喻朝廷，古人常把比较奇异的树木认为是神灵，故称之为神丛。"鲸鲵"本意是指大鱼，在这里比喻不义之人吞食弱小，实际上是用"鲸鲵"比喻英法侵略他国。"澥渤"就是指渤海。前一句用"狐鼠"和"神丛"这两个形象对当朝官员不关心国家大事，不为国家强大谋出路，而只顾自己利益，相互勾结，谋私利的行为做出了批判。后一句用"鲸鲵""澥渤"两个形象批判了英法两国打破和平局面，为了自己国家的利益，以强欺弱，侵略中国的行为。这首诗的五、六句表达的是清朝最高统治者在对待侵略战争时，立场不坚定，不能团结国内一致对外，争取民族独立，时而主战，时而主和，令人捉摸不透。作者的真正寓意实则是讽刺统治者在国难当头时还犹豫不决，竭力维护的始终只是自身的统治地位，作为一国之君，却不能把百姓利益放在第一位。清政府最终被推翻也是历史的必然，一个王朝的覆灭绝不是一朝一夕之事，清王朝已经腐败到了极致，灭亡是迟早的事。末尾两句指出清政府信任的始终只有满洲

---

① 魏源. 魏源全集·古微堂诗集 [M]. 长沙：岳麓书社，2004：681.

贵族，而主张近代化的这些先进人士又怎么能得到他们的青睐呢？“绛灌何能赞塞防”实则就是指诗人自己与林则徐等同时期主张近代化的先进爱国人士不受重用，同时也表达出了诗人的一种无奈，自己的主张不能被当朝统治者采纳，有心救国，却不能使之变为现实。国难当前，诗人想要救国，却有“英雄无用武之地”的无奈之感，西方侵略者向中国发起侵略，百姓处于水深火热之中，统治者立场不坚定，当朝官员只为自身谋利，这首诗就是在这样一个背景下创作出来的。这首诗取材于英国强行打开中国国门后中国所面临的一种前所未有的状况。

《寰海十一首》其五曰：“揖寇原期寝寇氛，力翻边案撤边军。但师卖塞牛僧孺，新换登坛马服君。化雪尽悲猿鹤骨，檄潮犹草《鳄鱼文》。若非鲍老当场日，肯信巾贻仲达裙。”① 这首诗写于1840年英国对中国发起侵略战争之后。此诗以鸦片战争时清朝皇帝道光为了维护清朝统治，不仅不积极应战反倒直接投降为题材。统治者为了讨好英国侵略者，让原本已经做好充足的防御准备的广州下令实行撤防，并裁减水师船三分之二，遣散招募的全部水军壮丁，将林则徐、邓廷桢在过去几年中的边防工作破坏殆尽。诗的一、二句正是写了这样一个背景。1840年2月，英国向中国发起战争，而广州在林则徐的谋划之下，布防严密。但是清朝统治者胆小怕事，宣布投降，并派琦善到广州查办，一再妥协，实在是不像一国之君所做的事。诗人在这两句中表达了对当朝统治者明明有机会抵御列强的侵略，守住广州，却不得不缴械投降的强烈不满，一面批判统治者的胆小懦弱、昏庸无能，一面又更加确定中国必须要强大起来，要在军事、教育等方面振兴，只有这样中国才不会落后。诗的三、四句“但师卖塞牛僧孺，新换登坛马服君”，前一句是指琦善等人在列强入侵国门之际，不积极应战，反而对其采取姑息纵容甚至包庇的态度，一味地向敌人妥协。将他们比喻为唐朝的牛僧孺，是因为当牛僧孺面临对幽

① 魏源. 魏源全集·古微堂诗集［M］. 长沙：岳麓书社，2004：681.

州和潍州的决策时，就表现出了他一贯妥协反战的思想。而后面一句是指琦善到广州后在没有通知林则徐的情况下，临时改变了林则徐的抗敌措施，导致敌人乘虚而入，步步紧逼，使得战事紧张。而后的五、六句"化雪尽悲猿鹤骨，橄潮犹草鳄鱼文"，"猿鹤骨"这一形象本来是源于《太平御览》卷九百一十六引《抱朴子》云："周穆王南征，一军皆化，君子为猿为鹤，小人为虫为沙。"后人因此以猿鹤虫沙比喻从军战死。在这里是借用"猿鹤骨"来比喻抗英牺牲的战士，表达了诗人对他们的深刻缅怀和沉痛悼念。"鳄鱼文"，在这句诗中是借用它来比喻清朝大吏大言不惭，欺瞒百姓，让百姓民不聊生。诗的末尾两句"若非鲍老当场日，肯信巾帼仲达裙"，"鲍老"是古剧的角色名，唐代时称婆罗，宋代时称为鲍老或抱锣，是宋元戏曲中经常出现的逗人欢笑的人物，与"小丑"有异曲同工之妙。后一句是出自《晋书·宣帝纪》："时，朝廷以亮侨军远寇，利在急战，每命帝持重以候其变。亮数挑战，帝不出，因遗帝巾帼妇人之饰。"这里的"仲达"，是司马懿的字。总言之，以上两句的意思为，若不是当时看到官场如戏场一般，人们谁也不会相信清王朝如此颠顸无用。

《寰海十一首》其九曰："城上旌旗城下盟，怒潮已作落潮声。阴疑阳战玄黄血，电挟雷攻水火并。鼓角岂真天上降，琛珠合向海王倾。全凭宝气销兵气，此夕蛟宫万丈明。"[①] 这首诗也是以鸦片战争为题材而创作的，这首诗沉痛地指出其实敌人并不是最可怕的，最危险最可恨的是投降派的卖国贼。诗的前两句中"城下盟"是指在敌人兵临城下时被迫签下的盟约，意思是城上的旌旗还在，战士们还在准备作战，朝廷却已经向帝国主义妥协，与其签下了战败条约，清王朝这次抵抗侵略者的怒潮也已经接近了尾声。三、四句中的"阴疑阳战"出自《易·坤》："阴疑于阳必战"，意思是侵略者气焰嚣张，逼迫被侵略者不得不奋起自卫。"电挟雷攻"则是用来形容形势之恶劣，面对列强的侵

① 魏源. 魏源全集·古微堂诗集 [M]. 长沙：岳麓书社，2004：681.

略以及统治者的消极作战，我们的祖国犹如电挟雷攻一般，腹背受敌。四、五句"鼓角岂真天上降，琛珠合向海王倾"重在说明英国侵略者并非所谓的"天兵"，不可攻破，清军的战败，主要是由于统治者腐败无能。诗的末尾"全凭宝气销兵气，此夕蛟宫万丈明"，前一句是指清王朝全是靠用金银珠宝等钱财来买城求和。这两句诗讽刺了统治者以钱消灾的行为。全诗以通过写统治阶级害怕敌人，懦弱无能来表达对统治阶级强烈的不满。诗人认为面对敌人的侵略，不管前方有多大的困难，我们都应该奋力抵抗，而不是对其一再退让，俯首称臣。

这几首诗都是属于战争题材的诗歌，通过描写战争，表达了诗人对鸦片战争失败的痛心，对侵略者的强烈批判以及对清政府腐败统治的痛恶，同时，也表达了对处于水深火热之中的人民的同情。

（二）"异域"题材之风俗类

风俗类题材包括魏源诗歌中描写的香港、澳门等地的异域风情。其主要代表作品就是他在1848年游历至香港、澳门时所作的《香港岛观海市歌》《澳门花园听夷女洋琴歌》《楚粤归舟经游四首》等诗篇。由于香港、澳门的地理位置特殊，香港于1840年鸦片战争后被英国侵占，澳门则于1553年沦为葡萄牙的殖民地。香港、澳门自古以来就是中国的领土，但由于当时清政府的腐败与经济的落后，而沦为侵略者的殖民地。①

《澳门花园听夷女洋琴歌》诗序曰："澳门自明中叶为西洋市埠，园亭楼阁，如游海外。怪石古木，珍禽上下，多海外种。其樊禽之所，网其上以铜丝，纵横十丈，高五丈。其中池沼树木，飞浴啄息，空旷自如，忘其在樊也。园主人曰委理多，葡萄亚国人。好客，延登其楼，有洋琴如半几，架以铜丝，请其鼓，则辞不能。俄入内，出其室，按谱鼓之，手足应节，音调妍妙，与禽

---

① 刘泱泱，廖运兰. 试论魏源诗文中的爱国思想 [J]. 民国档案，1997（2）.

声、海涛声隐隐应和。鼓罢复出其二子，长者九岁，冰肌雪肤，瞳剪秋水，中原未之见也。主人闻予能文，乞留数句，喃喃诵之，大喜。赠洋画而别。"① 澳门本为中国领土，而如今却沦为"西洋市埠"，变成一番西洋景象，国人到此，竟不免有一种置身国外的感觉。在这首诗的诗序中，可以看到魏源描写当时澳门花园的一番景象，这个花园的主人为"葡萄亚国人"，所以园中景象多有异域风情，这里提到了怪石古木、海外珍禽、洋琴等，这些形象都是一些异域形象，在诗序中借助这些形象表达了魏源身在澳门却"如游海外"的感受。诗篇开头云："天风吹我大西洋，谁知西洋即在澳门之岛南海旁。怪石磊磊木千章，园与海涛隔一墙。墙中禽作百蛮语，楼上人通百鸟语。鸟声即作琴声谱，自言传自龙宫女。"这里写的是澳门西洋化的景象，"百蛮语""百鸟语"均是指各国、各民族的语言，充分体现出了当时澳门对外兼容的状况，这里居住着来自各国的人，这也对后来魏源提倡国内近代化，主张向西方学习的先进思想产生了重要影响。接着记述听夷女弹洋琴的情况和感受，琴声"初如细雨吹云间，故将儿女幽窗态，写出天风海浪寒，似诉去国万里关山难"，其实，"天风海浪寒""去国万里关山难"，又何尝只是远涉重洋的西洋夷女的情怀，身处"西洋市埠"的澳门华人不也有此感受吗？接着"倏然风利帆归岛，鸟啼花放墙声浩。触碎珊瑚拉瑟声，龙王乱撒珍珠宝。有时变节非丝竹，忽又无声任剥啄。雨雨风风海上来，萧萧落落灯前簌。突并千声归一声，关山一雁寥天独。万籁无声海不波，银河转上西南屋。②"诗的结尾处"呜呼！谁言隔海九万里，同此海天云月耳。膝前况立双童子，一双瞳子剪秋水。我昔梦蓬莱，有人长似尔。鞭骑么凤如竹马，桃花一别三千纪。呜呼，人生几度三千纪，海风吹人人老矣。③"这里的一句"谁言隔海九万里，同此海天云月耳"，实际上的意思是谁说帝国主义

---

①②③　魏源. 魏源全集·古微堂诗集 [M]. 长沙：岳麓书社，2004：630.

119

侵略者还远在天边，殊不知他们已经近在眼前了，这也正体现了魏源忧国忧民的思想感情，体现了他警告国人，面对殖民侵略，我们必须提高警惕的思想态度。这首诗虽是他游历澳门时所作，但诗中提到了许多异域景物，比如他在诗中描写澳门时写到的"西洋市埠"。澳门西洋化有利有弊，这是近代化的一个必然过程，澳门虽沦为殖民地，它却获得了前所未有的发展，不再故步自封，关起大门，这里开始有了"百蛮语""百鸟语"。这些近代化的特征一方面也得益于西洋对澳门的影响，这些也使得魏源更加提倡向西方学习，对他"师夷长技以制夷"这一思想有了进一步的肯定。①

而他的《香港岛观海市歌》则与《澳门花园听夷女洋琴歌》不同，诗人不是直接写自己在香港的所见所闻，而是写在离港途中看到海市蜃楼后有感而发。虽是写的海市蜃楼，是"虚"的，但是"虚"的东西也包含"实"的部分，虚虚实实，有实才有虚。作者的想象也是有一定现实依据的。1841 年的鸦片战争以中国政府与英法两国签订《南京条约》，中国割让香港岛给英国而告一段落，自那时候起，香港便成为英国的殖民地。当诗人来到香港时，距签订条约不过短短五六年时间，英国和其他西方国家都纷纷入驻香港，并把香港改造成一番西洋模样，人们的衣、食、住、行，纷纷受到西方文化的影响。②

《香港岛观海市歌》诗序曰："香港岛在广东香山县南绿水洋中。诸屿环峙，藏风宜泊，故英夷雄踞之。营廛舍楼观如澳门，惟树木郁葱不及焉。予渡海往观。次晨，甫出港，而海中忽涌出数山，回顾香港各岛，则锐者圆，卑者矗，尽失故形，若与新出诸山错峙。未几，山渐离水，横于空际，交驰互骛，渐失巘崿，

① 刘泱泱，廖运兰. 试论魏源诗文中的爱国思想 [J]. 民国档案，1997 (2).

② 许晖，言民. 试论魏源政治诗的人民性——为纪念魏源二百周年诞辰而作 [J]. 中国文学研究，1994.

良久化为雄城，如大都会，而海市成矣。自寅至巳始灭。幻矣哉！扩我奇怀，醒我尘梦，生平未有也。其可以无歌！"① 此诗序中，"营廛舍楼观如澳门"，表明此时诗人在香港的所见所闻已经如澳门一般，完全西化了，这也表达出诗人的痛心，看到自己国家的国土被列强侵占，自己国家的文化被外来文化渐渐侵蚀，怎能不心痛！随后他所写到的海市蜃楼正好是他"甫出港"时所见，且不说这海市蜃楼是真是假，但可以肯定的一点是，这些都是以当时的香港为原型的。"扩我其怀，醒我尘梦，生平未有也"，诗人发出这样的感慨，可见香港的变化之大。"山邪云，城邪人，胡为兮可望不可亲？岂蓬莱宫阙，秦、汉所不得见，而忽离立于海滨。"诗的开头就写到这次游历香港，是他见所未见的。"豁然横亘兮城门，市廛楼阁兮兼郊圃。中有化人中天之台千由旬，层层级级人蚁循，龙女绡客阑干们，珊瑚万贝填如云，贸易技巧纷诈谖。商市罢，农市陈。农市散，军市屯。渔樵耕馌春树帘，画本掩映千百皴。"② 城门横亘，市廛楼阁交错，龙女绡客，人群熙攘，珊瑚万贝，商品云集，商贸频繁。商市、农市、军市井然有序，展现出一幅近代化都市的繁华景象，这是在中国大陆未曾见过的。继而写到的是英国统治者的残暴统治，以及军队的严格训练："合围列队肃不喧，但有指麾无号令，招之不语挥不嗔。"这是诗人想象出来的，但也合情合理。英法两国之所以能在鸦片战争中打败中国，与他们重视军队的训练，以及强国必强军的理念分不开。西方列强在 19 世纪时已经非常重视军队的建设，而中国在当时还处于闭关锁国状态，这也是中国在近代化过程中要向西方学习的地方，只有把军事力量提高了，才能保住家园，保证国家的领土不受到侵犯。从这里也可以看出，在魏源的近代化思想中也体现了"强军"这一点。继之写海风吹荡，台阁尽失，海市蜃楼俄顷消亡。"吁磋乎！世间之事无不有，世间之

① ② 魏源. 魏源全集·古微堂诗集 [M]. 长沙: 岳麓书社, 2004:631.

物无不朽。影中之影梦中梦，造化丹青写生手。王母双成今老丑，蚁王蜗国争苍狗。若问此市有无与幻真，三世诸佛壁挂口。龙宫怒鼓风涛嗔，回头已入虎门右。"① 这是提醒人们：世间事物无奇不有，海市蜃楼真幻也说不清，重要的是，国家衰败，世界形势变幻莫测，侵略风涛正急，万万不可大意啊！诗序所言"扩我奇怀，醒我尘梦"，意也正在此。这首诗借写香港的这些"海市蜃楼"之景，以提醒国人要富国强兵，西方列强虽侵略我们国家，但是他们确实有许多值得我们学习借鉴的地方，提醒国人要挣脱闭关锁国的压迫，敢于直面现实，仰望世界。②

这两首诗通过描写香港、澳门等地的风土人情，都体现出了诗人忧国忧民的思想情怀，以及向西方学习的思想主张。诗人借描写香港、澳门之变化，表达出其主张，即在这内忧外患时期，要想早日取得民族独立，首先就要富国强兵，要主动向西方学习他们的先进技术及其器物。

此外，魏源的异域题材诗歌还包括本土异族题材诗歌，主要有上古神话故事以及以本土异族为题材的诗歌。

二、魏源异域题材诗歌所呈现的"他者"意象

魏源的异域题材诗歌既有神话题材及呈现"想象的他者"意象的诗歌，也有被轻视的异族题材及呈现"小他者"意象的诗歌，更有鸦片战争题材及呈现全新出场的"大他者"意象的诗歌。

（一）魏源诗歌中的"想象的他者"意象

魏源诗歌中涉及上古神话故事的部分，有些只是提及，并未有深入的探究。比如《偶然吟》第五首："吾闻开辟初，天人去

① 魏源. 魏源全集·古微堂诗集 [M]. 长沙：岳麓书社，2004：631.

② 吴光俊. 魏源师夷思想与中国近代化 [J]. 黔东南民族师范高等学校学报，2005（3）.

如咫。乘云驾六龙，呼吸通乾始……精卫穷海山，夸父嗟渫汜。南箕空揭舌，七襄终莫理。……尽答灵均问，不藉巫阳启。一翻重黎案，还复鸿钧始。①"它就是从盘古开天地开始，将一些我们所熟知的神话人物一一道来，有乘六龙的太阳神重黎、追日的夸父、填海的精卫，等等，但是都只记述了人们对于上古时期"他者"的一些想象，主观性较强。不过魏源在《偶然吟》第十八首中写道："观化百代后，独立万古前……红光塞空来，来往神圣仙，……帝阍不可达，泪若天河翻。何时闯天门，亲奏大微言，掀翻凡圣界，跳出阴阳圜。②"魏源借这些神仙来抒发自己的政治抱负，他说"红光塞空来，来往神圣仙"，又怨恨自己见不到皇帝，"帝阍不可达，泪若天河翻"，没法陈述自己的政见；但是他依旧相信终有一天自己能闯入"天门"，"掀翻凡圣界，跳出阴阳圜"，解脱人民的苦难。③

魏源往往通过神话题材诗歌来"借古抒怀"，很多时候都习惯于在提及神话故事之后，引出自己对现实的看法。如《杂诗六首》其一："蚩尤死涿鹿，天乙赦夏台。赫哉钦明世，帝谓何昭回。呼吸通九间，祐罚无徘徊。无端天方醉，六艺忽成灰。汲汲《猗兰》吟，恻恻江蓠哀。时来祖龙助，运徂卧龙摧。苟尽纵其为，豪圣岂无才？天意尚尔然，群伦胡收哉!④"他引用"蚩尤死涿鹿，天乙赦夏台"的典故，抒发自己"苟尽纵其为，豪圣岂无才？天意尚尔然，群伦胡收哉"的感想，表达命运弄人的无奈之感。其实在古代，对于蚩尤的描写大多过于魔化。"蚩尤有兄弟七十二人，铜头铁额，食铁石，轩辕诛之于源魔（今州）"，或"人身牛，四目六手"，他们还能"作大雾，弥三日"，因此有了"黄帝乃令风后法斗机作指南车，以别四方，遂擒蚩尤"。黄

①②④　魏源.魏源全集·古微堂诗集［M］.长沙：岳麓书社，2004：497、500、504.

③　姚武.魏源的异域题材诗歌及其近代化特征探析［J］.老区建设，2019（14）.

帝与蚩尤的战斗，也被描写为降妖除魔的正义之战，而蚩尤就是这个妖魔。"尤作兵伐黄帝。黄帝令应龙攻之冀州之野。应龙畜水。蚩尤请风伯、雨师纵大风雨。黄帝乃下天女曰'魃'，雨止，遂杀蚩尤。"对蚩尤的描写如此不堪，反映了华夏民族对蛮族的排挤。由此可见，魏源通过神话题材诗歌呈现想象的他者意象，站在华夏中心论的立场，表达自己的政治抒怀。①

（二）魏源诗歌中的"小他者"意象

魏源异域题材诗歌中的他者意象不仅包括神话传说中想象的他者，还包括域外异族。魏源在《皇朝武功乐府》中多处提到了被清王朝所征服的域外异族。《收金部》中有提到清王朝在入关前征服的扈伦四部。"扈伦金，四部地，大相并吞。为明南北关保障，世近藩。"② 他认为扈伦四国只不过是一个阻挡清朝入关的小小的屏障，可见他对于扈伦四国的态度是轻慢的。在他的诗中，"自我"是清王朝，而"他者"则是一些并不起眼的异族。这种思想在《定朔漠》中体现得更为明显，将漠北外蒙古地区称为"西寇"。在《收元部》中，也这样写道："奈何恃倔强，日自凌其侣③"。而在《收辽部》中外族人又有了新的称呼："番蒙""鱼皮族"④。

"番""蛮""寇"等称谓，自古以来都是华夏民族常用于形容异族的词。其实有关中国古代"他者"的问题，王一川曾提到，作为客人的边缘他者总是野蛮、弱小和低级的少数民族。这也就告诉我们，华夏族的通病——对"他者"的蔑视一直都存在，我们可以从各类书籍中找到实例。比如《水浒传》中辽国的

---

① 姚武. 魏源的异域题材诗歌及其近代化特征探析 [J]. 老区建设，2019（14）.

②③④ 魏源. 魏源全集·古微堂诗集 [M]. 长沙：岳麓书社，2004：559、560.

受降书就有记载："臣居朔满，长在番邦，不通圣贤之经。"① 魏源的诗歌也沿袭了这些传统观念，在他看来，"他者"就是处于蛮荒之地，不懂圣贤之理，行为野蛮的域外异族。根据形象学研究理论，自我与他者的关系既对立统一又相互确证。在历史发展的趋势中，随着中国版图的扩大，作为"小他者"的蛮夷已经融入华夏文化成为"自我"的一部分。②

（三）魏源诗歌中的"大他者"意象

魏源的域外异国题材诗歌主要包括"鸦片战争题材诗歌""西方科技题材诗歌"以及"鸦片题材诗歌"，诗歌中所呈现的"侵略者""坚船利炮""西方文化"等都是以"大他者"的形象出场。

首先是鸦片战争题材诗歌中的西方侵略者意象。鸦片原是域外之物，鸦片贸易又引发了近代第一场中外战争——鸦片战争，这样描写鸦片战争题材的诗歌就可以归入域外题材诗歌。魏源近900首诗歌中有近90首鸦片战争题材诗歌，占他所有诗歌的十分之一，也占据了魏源异域题材诗歌的大部分。在鸦片战争中，西方列强作为"大他者"，令人憎恶却又无可奈何，魏源只能在诗歌中抒发自己的愤恨。尤其是在《秦淮灯船引》中表现得特别明显："肯信围城忽尊俎，一夕干戈变干羽，百万金缯万虏欢，十年牛酒千夫举。倾得蛟宫宝藏完，保障半壁东南土。""夷船骤至连天涨，夷船退后江不浪。"③ 英国兵舰的突然造访，改变了中国人对"他者"的固有认知。《南京条约》签订后，清政府软弱无能，一味地赔款、割地，丧权辱国，让人文知识分子开始重新认识他者。魏源在《秦淮灯船引》中还写道："但看封豕离大江，

① 杨晓林. 从"夷"到"他者"：中国文学中"异"的形象学分析［D］. 广西师范大学，2002.

② 姚武. 魏源的异域题材诗歌及其近代化特征探析［J］. 老区建设，2019（14）.

③ 魏源. 魏源全集·古微堂诗集［M］. 长沙：岳麓书社，2004：619.

依然画鹢出横塘。玉树重开花月夜，羯鼓宁惊霓羽裳？①"强大的侵略者带给人们的是"天朝中心"观念的破灭，如今的"他者"成了一种恐怖而危险的存在。他在《秋兴二首》中以"贝族"来称呼他们："海若蛟宫奔贝族""每逢筹运筹边日，正是攘琛攘赆时"②。他在《寰海》中表示"欲师夷技收夷用"③，可见这时作为"他者"的西方，超出了中国人的预期，致使魏源在坚守自我文化的同时又开始反思。

其次是西方科技题材诗歌中的"坚船利炮"意象。伴随西方列强的入侵，他们的技术与器物也开始进入中国。魏源在其诗歌中不止一次地提到了"夷船""夷技""洋琴"等字样。如《秦淮灯船引》中这样写道："夷船骤至连天涨，夷船退后江不浪。"④这首诗主要是描写鸦片战争中，英军进入长江流域进攻南京的悲惨历史。"夷船"到了之后，连长江水都涨起许多，它们走了之后，连浪都没有了。不仅展现了外国列强的坚船利炮，还侧面说明了其船舰的庞大、繁多。于是魏源就有了"师夷技"的想法，他在《都中吟》其四中写下"船炮何不师夷技？"⑤在这首诗之后更是提出"题本如山译国书，何不别开海夷译馆筹边谟"⑥的想法。魏源主张"悉夷"，要明确了解"夷情夷技及夷图"，做到知己知彼，方能百战不殆。于是，在林则徐提供的资料的帮助下，再加上自己的搜集、整理，他完成了《海国图志》的编撰。从西方的"夷船"介绍到"夷技"，无不体现了西方科技的优越性。

再次是鸦片题材诗歌中的西方文化意象。侵略者攻占中国的"先行军"就是鸦片，因此它在中国历史上可以说是另一个强大的"他者"，在魏源诗歌中也常常被提及。在当时，几乎每个富人都有吸食鸦片的习惯。他们把这个习惯当成一个流行的代表，可见鸦片具有多么大的影响力。在魏源的诗歌中，他把鸦片叫作"阿芙蓉"。魏源在《秦淮灯船引》中描述"阿芙蓉风十里香，

---

①②③④⑤⑥ 魏源.魏源全集·古微堂诗集 [M].长沙：岳麓书社，2004：619、694、80、619、577、577.

126

销金锅里黄粱场"①，侵略者在境内，可人们仍然沉浸在销魂的阿芙蓉中，不可自拔。对于鸦片的来历，魏源认为"阿芙蓉，阿芙蓉。产海西，来海东。不知何国香风过，醉我士女如醇醲"②。至于它的具体来历，徐世昌在《晚晴簃诗汇》中也有相关描述："海外罂粟膏，色如乌鸦乌。因名曰鸦片，论值贵锱铢。初来到闽粤，渐渐及九区。吸食有定候，不可一刻逾。山肩日以耸，冻梨日又癯。彼方与友共，人已将鬼呼。或曰倭芙蓉，采入医家书。疗病屡有验，精神赖提扶。不知能毒人，毒深形已枯。记否万历朝，曾禁澹巴菰。"③ 可见鸦片由来已久，而且在晚清已经泛滥成灾。鸦片对中国人的伤害是非常大的，于是"大他者"的意象中也包括鸦片。西方列强一方面以技术、武器来侵略中国，另一方面也通过鸦片去侵蚀中国人的精神世界，内外夹攻，最终打破了中国的大门，强势进入中国。④

三、魏源异域题材诗歌的近代化特征及其成因

魏源的诗歌题材虽然具有"十诗九山水"的特点，以展现"自我"意象为主，但是他的诗歌中也以"神话""异族""异国"等异域题材呈现"想象的他者""小他者""大他者"等意象，表现出鲜明的近代化特征，彰显魏源经世致用的文化探索精神。魏源与龚自珍被誉为近代文学的先驱，并称"龚魏"，在近代文学题材、主题及意象塑造上都进行了一系列开创性的探索。

（一）魏源异域题材诗歌的近代化特征

魏源的异域题材诗歌中呈现了不少的"他者"意象，其近代

---

①② 魏源. 魏源全集·古微堂诗集 [M]. 长沙：岳麓书社，2004：619.

③ 杨晓林. 从"夷"到"他者"：中国文学中"异"的形象学分析 [D]. 广西师范大学，2002.

④ 姚武. 魏源的异域题材诗歌及其近代化特征探析 [J]. 老区建设，2019（14）.

化特征主要表现在题材的深广性、域外意象的丰富性以及主题的时代性三个方面。

首先,魏源诗歌的异域题材深刻且广泛,引领近代域外题材诗歌新风尚。在中国古典文学中,异域题材源远流长,从《山海经》的神话传说到《史记》中的匈奴、唐宋边塞诗中的蛮族,到明清小说中的异族等,生动且丰富。历代文学家在处理这些异域题材时,都以"华夷之辨"的政治思想为核心,站在"华夏中心"立场,通过异域题材的描绘来彰显华夏文明的优越性。魏源的异域题材诗歌数量虽然不多,但其题材范围广泛,从远古的神话题材到传统文化中的异族题材,再到古近之交的异国题材,可谓丰富多彩。魏源的域外题材诗歌突破了传统文学异域题材的局限,把西方器物文化、政治文化及艺术文化等都纳入其中。而且魏源运用异域题材诗歌借古讽今、借古抒怀或关注社会现实,令人反思催人警醒,具有深刻的价值内涵。因而这些诗歌也被称为政论诗,动摇了传统"华夷之辨"的政治思想,表现了魏源作为启蒙思想家、政治家的家国情怀。魏源以"睁眼看世界"的眼光来关注社会现实,加上他博览群书,广采博引,不论在他的史地学巨著《海国图志》中还是在他创作的诗歌中,域外题材都广泛且深刻,引领了近代域外题材诗歌新风尚。

其次,魏源域外题材诗歌呈现的异域意象丰富多彩,反映了古近之交"他者"形象的近代嬗变。可以说,迄今为止我国还没有一部完整的中国文学异域形象发展史。2002年广西师范大学杨晓林的硕士论文《从"夷"到"他者"——中国文学中"异"的形象学分析》对中国文学中的"异域"形象进行了梳理,总结出了中国文学中"异"形象的发展脉络:由"夷"到"他者"。①其中"夷"形象随着华夏文化的发展壮大,实质上已经由曾经的"四夷蛮族"同化为华夏族群的一部分,是被同化的"小他者"

---

① 杨晓林.从"夷"到"他者":中国文学中"异"的形象学分析 [D].广西师范大学,2002.

形象，是对象化的"自我"形象。而近代出现的西方列强等异国，让中华民族传统文化遭受了前所未有的冲击，才是真正的"他者"。魏源的异域题材诗歌深刻地反映了中国文学中"异"形象由"夷"到"他者"的近代嬗变。面对前所未有的社会危机和文化危机，魏源进行了艰苦而卓越的文化探索，提出了"悉夷——师夷——制夷"的主张，以实现富国强兵之目的。魏源在诗歌中以强烈的文化担当意识，严肃看待西方列强及其器物文化、政治文化、艺术文化等，一方面正视西方文化的优势，提倡师夷长技；另一方面保持自我文化的自信，赞美大清王朝的大好河山。但是更值得注意的是，在他的域外题材诗歌中，他清醒地认识到"异"形象的中国近代嬗变，以政治抒怀的形式，提醒统治阶级从"天朝上国"的迷梦中苏醒，对外学习先进的军事技术，对内实行政治变革。

再次，魏源异域题材诗歌的主题具有强烈的时代色彩，开拓了近代文学主变与爱国主义主题的新内涵。魏源提出"变古愈尽，便民愈甚"[1]，又主张"师夷长技"[2]，他的"变古"与"师夷"的政治主张在他的诗歌创作中表现为主变的主题特征。他的异域题材诗歌可以说开创了近代异域题材诗歌的"主变"主题，在他的诗歌中突破传统题材局限，毫不忌讳地介绍西方文化，这也是魏源引领近代"西学东渐"精神的重要体现，具有强烈的时代色彩。他的这些异域题材诗歌也被归入到政治抒情诗的范畴，在主题上，不仅表现魏源改革创新的政治主张，也与他的山水诗一样表达了他的爱国主义情怀。与魏源山水诗中乐山爱水的爱国主义情怀不同的是，他的异域题材诗歌中的爱国主义情怀已经具有了强烈的民族主义内涵，其内涵由传统的"忠君"向近代的"捍卫民族尊严"转型，体现了他站在地主阶级改革派立场的改

---

① 魏源. 魏源全集·古微堂内外集·默觚 [M]. 长沙：岳麓书社，2004.

② 魏源. 魏源全集·海国图志 [M]. 长沙：岳麓书社，2004.

良主义的探索精神。主变与爱国主义是中国近代文学的重要主题，也是时代发展的必然体现。魏源紧扣时代的脉搏，以异域题材诗歌拓展中国近代主变与爱国主义主题的内涵。

此外，魏源异域题材诗歌的语言风格也具有近代化特征，比如在他的诗歌中出现了不少由音译得来的外来词汇。①

（二）魏源异域题材诗歌的近代化特征成因探析

魏源异域题材诗歌的近代化特征归根结底源于他的经世致用的文化探索精神。魏源与龚自珍一起学习刘逢禄的《春秋公羊学》，反对"琐碎无用"的汉学及"虚空"的宋学，在晚清复兴儒家经世治学新风尚。具体来说，魏源异域题材诗歌的成因，主要在于魏源基于经世致用立场所形成的睁眼看世界的文化视野以及改良主义的文化选择态度。

一方面，魏源"睁眼看世界"的文化视野决定了其异域题材诗歌的广度与深度。每个时代都有属于它的先行者，魏源便是中国近代睁眼看世界的杰出代表。当时的中国，国力衰微，国家正处于极其危急的时刻，可是清政府的大多数官员却因循守旧，沉浸在往日的辉煌中，对本国的危机视而不见。魏源则以极其敏锐的眼光，审视清政府所面临的危机，深感如果不奋发图强，中国很难自立于世界。魏源的一生是不断读书和著述的一生，他长期居于清朝大员幕府，大量地阅读文章，接受各种不同的思想洗礼，这使得他的学识日益增长，视野也越发开阔。再加上他亲历了鸦片战争，还目睹了战后中国社会的变化，因此他的文学视野较其他人而言，变得更加开阔。作为中国近代"睁眼看世界第一人"林则徐的追随者，魏源坚决反对外国列强的侵略，但也不得不承认外国侵略者的军事优势，西方先进的科学技术给他带来了强烈的震撼。魏源以其人之道还治其人之身，主张"师夷长技以制夷"，他认为西方军事等科学技术，是"奇技"而非"淫巧"，

---

① 姚武.魏源的异域题材诗歌及其近代化特征探析［J］.老区建设，2019（14）.

必须认真学习，岂能自甘落后。

魏源在一定程度上摆脱了"华夷之辨"的局限，站在了世界的高度，突破那个时代的桎梏，拥有世界性的文化视野，从关注"自我"转向关注"他者"，以认识"他者"来反观"自我"。刚开始的"他者"意象，源于先辈的认知，来自他从小所认知的理念，这些理念告诉他，"他者"都是弱小的，是低于我族的，即"小他者"。但是随着魏源视野的拓展，尤其是鸦片战争之后，他开始发现"他者"的强大。在思想上，魏源完成了从"鄙夷"到"悉夷"再到"师夷"的过程，在文学上，这就让他的异域题材诗歌具有鲜明的近代化特征。

另一方面，魏源改良主义的文化选择态度决定了魏源异域题材诗歌主题的拓展。从近代文学转型的角度来考察，魏源与龚自珍一样，都是影响近代文学的代表人物，两人对文学变革的探索途径不同而互为补充。龚自珍表现出对传统文学原则的怀疑和挑战，魏源既传承传统文学观念的功利主义原则又对其加以改造。魏源在中国近代文学发展过程中不仅有传承还有开创，从"古微"到"师夷"，坚持"载道""言志"，提出"道存乎实用"，又主张"文资乎救时"，把创作引向关注现实。他的"主逆复古"论和"愤悱启发"论，不但具有鲜明的时代特征，也预示着近代文学功能的新方向，成为古近之交"鼓民力""开民智"的文学启蒙的滥觞。① 魏源处于一个变革的时代，从封建社会向半殖民地半封建社会转型的时代，在这个特殊的阶段，他目睹了西方列强的侵略，也感受到了清政府的腐败无能，国家的危机一触即发，这些都激发着魏源不断探索改革创新，也让他成为近代中国地主阶级改良主义的先驱之一。

魏源认为清政府鸦片战争失败的根本原因是朝廷昏庸腐败，想通过改革使腐朽的清朝统治重焕生机，提出"以治内为治外"

① 王飚.魏源经世文论对传统文学原则的改造——魏源文学观的近代意义 [J].文学与文化，2014（2）.

的主张，将改革弊政作为抵御强敌的前提条件，并努力提倡"经世致用"的实学主张。正是改良主义的文化选择，使得魏源的思想具有强烈的启蒙性质，对"他者"有了新的看法。他的异域题材诗歌，让人们对近代"他者"有了全新的认知，在题材、形象塑造、主题表达乃至语言运用等方面对近代文学产生了深远影响。

从形象学视角对魏源异域题材诗歌及其呈现的"他者"意象进行探析，拓展了魏源诗歌的内涵，丰富了魏源诗歌研究的内容。魏源与龚自珍并称为近代文学的先驱，龚自珍以"我劝天公重抖擞，不拘一格降人才"① 的气魄对古代文学原则提出怀疑与挑战；魏源则以经世致用的文化立场，不仅传承传统的文学功利主义原则，而且以睁眼看世界的文化视野对文学题材与意象进行拓展，倡导主变与爱国主义的近代文学主题，在中国近代文学的产生与发展过程中具有引领作用。

第二节　魏源的战争题材诗歌及其所呈现的"自我"与"他者"形象

鸦片战争题材诗歌是魏源异域题材诗歌中最重要的部分。魏源以经济治学闻名于世，诗歌创作却少有关注。《古微堂诗集》总共收录了魏源生平创作的 900 多首诗歌，其中写于鸦片战争前后的战争题材诗歌尤为引人注目，魏源作为中国近代思想启蒙的先驱，近 90 首战争题材的诗歌是诗人求真、抒情、言志的典范，反映了诗人对时代脉搏的准确把握，揭示了诗人深沉的爱国主义情怀。作为时代的先驱、近代睁眼看世界的先觉者，魏源本着儒学经世致用的思想，穷其一生，治学求索的落脚点都在民生日

---

① 龚自珍. 龚自珍全集·已亥杂诗 [M]. 上海：上海古籍出版社，1999：578.

用、治国安邦上，始终坚持以冷静客观的态度、理性的爱国主义精神关注现实。在清朝江河日下、英国乘虚而入，工业英国入侵农业中国的危局面前，他决意"变古"，提出"睁眼看世界"，一反传统的"华夷之辨"，对"中华""英夷"的优劣关系进行了深入辩证的思考，以传统湘学经世致用的思想为根基，开始以"世界眼光"审视中国在世界的地位，在鸦片战争的震动下发出了"师夷长技以制夷"的震撼人心的呼声。

一、魏源战争题材诗歌的归纳整理

根据《魏源全集》所收《古微堂诗集》及补录统计，鸦片战争时期魏源的诗歌中可以划归为战争题材的诗歌共计89首。魏源的战争题材的诗歌数量虽然不多，在魏源诗歌总集中的占比只有10%左右，在内容上却横跨了第一次鸦片战争前后，对鸦片战争前、鸦片战争爆发以及鸦片战争战败后晚清的社会状况有深入、细致的考察与体会。魏源本着"经世致用"的务实精神，始终以清醒、冷峻的眼光审视着鸦片战争中清朝与英夷之间的国力角逐，始终对黎民百姓怀着悲悯的心态，面对夷族的不义之战，魏源虽然也心有愤慨，但难能可贵的是，他没有滑向偏激的一味排外要求封关闭守，也没有只逞口舌之利大肆宣扬以身报国。

我们可以看到，魏源始终秉持着一种理性的爱国主义精神、士大夫经天纬地的家国情怀，带着强烈的忧患、危机意识，亲探前线、征询英俘，了解鸦片战争的相关战讯国情，殚精竭虑，最后终于得出破解危局的国策"师夷长技以制夷"，并在诗歌中首先发出这样振聋发聩的呐喊。魏源鸦片战争前后的战争题材的诗歌，可以说是对鸦片战争时期清朝的国力、社会问题以及如何应对处理的国情分析报告，生动翔实，满纸义愤悲愤，对国家深沉的痛惜与忧患喷薄而出，时而现于乐府民谣，哀叹民生疾苦、官吏腐败；时而放于山水，痛批当权者的优柔寡断、贻误战机。

但是，魏源鸦片战争时期的战争题材的诗歌，始终保持着名士大儒冷静的理性，没有固守传统的"华夷之辨"，没有因为战

133

事而冲昏头脑、乱了阵脚，而是真正思索着应对乱局的良策，正是这种理性的爱国主义使得魏源成为最早一批打开"世界眼光"的先驱之一，开启了思想层面一定程度的近代化，即便是从器物军事的层面开始，却也的确是中国人主动拥抱近代化的最早的有益的尝试、思考。

二、魏源战争题材诗歌中的意象或形象

魏源的鸦片战争题材诗歌，反映了重大的历史内容，翔实深厚，沉郁悲壮，以强烈的经世精神和主体意识对鸦片战争做了全面深入地探讨。诗人通过纯熟的意象联用，为我们展现了鸦片战争前后百姓、官吏、统治者、洋夷等众多形象。下面将探析诗人战争题材诗歌中所使用的意象，对魏源所勾勒的形象进行简要地分析。

（一）受苦受难且表现社会危机的"生民百姓"意象

正所谓"兴，百姓苦；亡，百姓苦"，王朝的兴盛建立在对黎民百姓的盘剥"褫夺"之上，统治者奢靡繁华的生活不过是靠底层的老百姓为他们埋单罢了，"太平治世"下百姓已是叫苦不迭，更何况还要承受战乱的侵袭。鸦片战争前生活在富庶的江南地区的百姓原本就苦不堪言，鸦片战争更是将他们的生活推向了深渊更深处。魏源的新乐府《江南吟》十章与《秦淮灯船引》《金焦行》记录的便是百姓们不论战前还是战后都毫无希望可言的苦日子。

《江南吟》其一、其二、其三、其四，"花田""稻田""坝""圩""潦""汛""闸"等意象构成了江南农户在涝灾中讨生活的艰苦图景，反映的是江南农户的绝望之情、焦灼之心。农户因田税太重、稻谷价贱，纷纷改种花田，以期满足城中贵族淫靡的生活换取勉强度日的本钱。其一的开篇"种花田，种花田，虎丘十里山塘沿。春风玫瑰夏杜鹃，五夏茉莉早秋莲，红雨一林香一川"描绘了一幅秀丽的江南花岸美景的图卷，但是，这美丽的图卷背后是田农声声泣血的哭诉，两者形成了鲜明的对比，触目惊

心。其二、其三、其四写的是农户们为洪涝所苦，急于保田防汛的呼喊，与他们的努力相映照的只有泛滥的坝潦，"日日望禾高，禾高水亦高"。其五、其六、其七，没有正面对百姓生活做描写，而是侧面从苛刻的漕政、繁重的税收反映出本就捉襟见肘的百姓还要均摊来自官吏们的财政压力时难以承受的压力。其八，早在鸦片战争之前，魏源就已经注意到，英国人在中国倾销鸦片，鸦片泛滥成灾，因鸦片成瘾导致家破人亡的现象屡见不鲜，但此等祸国殃民的东西为什么能够存在，内里的深层原因却鲜有人提及，诗人于是借"阿芙蓉"（鸦片烟）大发议论："阿芙蓉"本身并无过错，造成"阿芙蓉"泛滥成灾，使得百姓丢了钱财坏了身子人财两空的另有主谋，让百姓喘不过气的从来都是那些染上了官瘾的当权者。在天灾、人祸的逼迫下，江南楚地因重男轻女而溺婴的恶俗更是层出不穷、屡禁不止，这便是其十录述的楚地的民俗情况。《江南吟》十章以田地、洪涝、坝圩、税政、阿芙蓉、溺婴等意象群，勾勒了一幅晚清鸦片战争前江南百姓悲苦的生活图景：当地的百姓不像是当地的原住民，落魄受难的境况竟像是居无定所、一无所有的流民。

魏源的战争题材诗歌的视角特别宽广，记录的场面通常也特别宏大，与同时期写鸦片战争诗的作家相较而言，魏源相当节制，对英夷的侵略行径、沿途死伤的百姓的惨状少有激烈的言辞。而在《秦淮灯船引》《金焦行》中，诗人却罕见地流露出伤怀之情、哀恸之声，英国殖民者的入侵打破了人民原本相对平静的生活，侵略者给人民带来的损失不论是物质上的还是精神上的都难以估量。《秦淮灯船引》记录的是繁华都市在英国入侵者面前的惊惶之态，战败的屈辱来得快去得也快，《南京条约》仅签订一周年，秦淮就像什么事都没发生过一样，秦淮的"灯船""画舫""江城""暑宫""吴侬""紫裘腰笛客""虬髯醉客"组成仍是一派雍容华贵的"风软潮平"的秦淮夜景，但是这些繁华都不过是随时可能被戳破的泡影，秦淮航道上的这些"吴侬"经历了战乱的动荡后，实则"惊魂甫定歌喉怆"，不知道什么时候

135

又会是"游船变作逃船贵"。《金焦行》则是直接暴露了战事无情百姓受难的实况,"火光赤如血""涛色黯如墨""炮声霾""万家哭",勾勒出了生民被侵略者炮火蹂躏的惨状。

(二)腐朽官僚体制下的官僚群像

诗人曾经也期许过功名,希望能够进入官僚体制内部施展自己的一腔抱负,但是在接触过真正的官场后,诗人对于整个黑暗的官僚吏政是失望的。整个官僚体系暴露了太多的弊病,大部分的官吏只在乎自己个人的得失利益,对人民的生活、社会的发展不管不顾,诗人对这些尸位素餐、吏政无所作为却蝇营狗苟、时时压榨百姓的官吏深恶痛绝。诗人在《江南吟》十章、《都中吟》十三章中对晚清吏治有相当篇幅的描摹。

《江南吟》十章中"漕汴""岁费""治河策""防河功","漕艘""粮艘""战舰""吏仓闸夫","私盐""漕项""摊捐""催科""补亏"涉及的是本应该惠民利民的民生大项目,但是这些已经安于体制内的官僚们完全没有心忧百姓的父母官的模样,面对溃堤泛滥的洪水,他们没有提出什么有效的治理措施却一再要求增加漕治的岁费,什么问题也没有解决却能够厚颜无耻地申报自己治理有方。贪官污吏们不仅从水利工程的岁费中搜刮民脂民膏,漕运、私盐、摊捐、催科都是他们玩弄权术、以权谋私、中饱私囊的手段。究其根底,"边臣""枢臣""儒臣""库臣"不过都是一丘之貉,整个官僚体制上下沆瀣一气,地方重大民情可以忽略,鸦片烟泛滥成灾也可以睁一只眼闭一只眼,腐败无能早就深入他们的骨子里。

《都中吟》十三章中,魏源将科举制度、部胥专权、仓胥勒索的流毒数落得一清二楚。国家筛选人才遴选到的是精通"小楷书""八韵诗""书画琴棋"的腐儒书呆子,只知一味迎合、附庸权势,真正到了水利国防大事用人之际,这些书呆子的长处却只有"桃浪诗""写檄文"。"茧丝牛毛工会计,全恃舞文刀笔吏。""通仓廒,通仓廒,仓胥拥之何其豪!国初点胥胥痛哭,近日仓缺万金鬻。"得以一览部胥、仓胥专权弄权的嘴脸。

（三）愚昧傲慢的清朝统治者形象

最令诗人愤慨的当是官僚体制背后的政治主体——清朝统治者的愚昧无知、倨傲短视。清朝统治者自上而下无不沉湎于"天朝上国"的美梦里，故步自封，内无谋略，不知近代化的世界洪流正席卷而来；外强中干，军备松弛，全然未觉强敌在外虎视眈眈正欲进犯。中英鸦片战争中国战败后，诗人可以说是为清政府操碎了心，当权派中的主和派、地方军备、逃兵败将、军事外交政策等都是诗人点名批评的对象，勾勒出了一幅清朝统治者的群丑图。

魏源根据自己对清政权治下的国体、政体、社会的了解，早已觉出大清王朝江河日下、日渐衰颓的趋势，作于道光二十年鸦片战争爆发前的《金陵怀古》虽仍是"可怜一片楼船地，输与渔家占夕阳"的承平之景，诗人却从亘古不变的历史中发出"地气辄随王气尽，前人留与后人愁"的喟叹，意指清政权的气数已经迎来了它最后的一个秋天。

地方军备松弛，军队训练匮乏，兵无斗志，将无将才，《寰海》的其三、其六、其七讽喻的正是这种现象。"刚散六千君子卒，五羊风鹤已频惊。"本应训练有素、保家卫国、英勇无畏的"君子卒"，却胆小得如同绵羊一般，听见风声、鹤唳就已经频频受惊，更何况是面对真正的敌人呢。士兵的素质暂且不论，"纨绔""绣衣"的边将，打仗巡防不像是个将领的模样，倒像是手持"金如意"来游玩的一般，这样的将领自然是"几见东牟驭禁兵"，将不成将，兵不成兵也就没有什么好奇怪的了。不仅军队素质堪忧，军队团结力也十分薄弱。面对强敌来袭，军队内部并非是铁板一块，"水军""陆军"就是各自为政，他们养尊处优久了，早已磨去了能够匹敌的锐气，不过是群军队豢养的"贵后田单""老来廉颇"。

鸦片战争战败，清政权的当权者有着不可推卸的责任。当权者偏安一隅，对外政策摇摆不定、一变再变，面对外敌入侵，拿不出有效的防范方案与对策，和稀泥、推诿责任倒是他们的强项，他们只求过好他们的小日子，全然不顾战败的耻辱和签订条约的丧权辱国。"不诛夏览惩贪帅，枉罢朱纨谢岛夷"，朝廷对贪帅败将不予处置，对战事失利没有丝毫的反省追责。"功罪三朝云变幻，战和两议镀冰汤"，朝廷的对外政策摇摆不定，朝堂外战火连天，朝堂内还在拉帮结派、利益勾结，怎会不贻误战机？"城上旌旗城下盟，怒潮已作落潮声""全凭宝气销兵气，此夕蛟宫万丈明"，主和派得势后，他们甘心拿钱消灾、花钱买平安，殊不知已是卖国求荣可耻至极，将主和派鼠目寸光、苟且偷安的嘴脸刻画得入木三分。"揖盗开门撤守军，力翻边案炽边氛""壮士愤捐猿鹤骨，严关甘送虎狼群"，我们不是没有愿意为国捐躯的将士，不是没有击退敌人的决心，可是现实是让人无奈的，统治者不过是紫禁城里的拿着大棒的缩头乌龟，只会瞎指挥，甘愿割土卖国，以换眼下的苟且。

（四）恃强凌弱的滑虏洋夷形象

中国历史上的"华夷之辨"，一直秉承华夏民族为历史的中心，其他少数民族、"夷"族都不可能征服华夏民族，历史上征服华夏民族的少数民族最后都为华夏民族所同化或是被征服，中华民族在历史的长河中形成了"大我"的绝对文化自信。清朝虽然是满族的天下，但满族人主中原后迅速完成了文化身份的同化，方为华夏圈所接纳，不过随着清朝闭关锁国，"天朝上国，无所不有"的盲目自信限制了中国人对世界的接纳、认识，使中国落后于世界近代化的潮流，当西方纷纷越入工业文明时，中国仍旧是农业文明，当工业英国敲开农业中国的大门时，中国人第一次发现，这个"英夷"是如此强大，"英夷"初次登场便是实力远超中国的"大他者"形象，"华夷之辨"的根基不复存在。面对发动鸦片战争并战胜了中国的英国，同时代的很多诗人在情感上无法接受，大多数的诗句都是对英国人侵略的暴行进行控诉，对英夷的态度更多的是泄愤，进而妖魔化、脸谱化英国人的形象。魏源则不同，他没有被对血债累累的英国人的仇恨蒙蔽双眼，而是看得更加深远，一直在提问，为什么英国人能够入侵？

138

为什么英国人能够打败清政府？为什么英国人能够有这么强的实力？因而魏源在诗中所呈现的"夷"的形象更加客观、公允、多元。

英国人的"夷艘"入侵时与之相伴的总有"潮""浪""波涛""炮火""雷霆"，声势浩大，所向披靡，清政府的海防、江防在英夷的炮火面前根本没有什么招架之力。"浩浩天飙飘我出，寇艘遁后恣游侠"（《普陀观潮行》），"圌山已失京口破，火轮撇掠黄天过"（《秦淮灯船引》），"江北火光赤如血，江南涛色黯如墨"（《金焦行》），英国的炮舰在中国的领土上肆无忌惮，像一头"长鲸"一般占据着"三吴腹"，攻城掠土都在炮口之下，清朝面对这些态度十分嚣张的英夷却也无可奈何，因为没有与之一战的实力，也就无法驱逐他们。通过鸦片战争，魏源清醒地认识到清朝与"英夷"的实力差距，才会萌生"知己知彼"，想要更多了解、学习这些"海国"的想法。故而在《观香港岛海市歌》的序言题记中诗人会仔细分析英夷割占香港的原因，根据实地考察，得出了相应的结论："香港岛在广东香山县南绿水洋中。诸屿环峙，藏风宜泊，故英夷雄踞之。"面对农业中国与工业英国的实力差距，魏源看待英夷的眼光是看待强者的眼光，渴望学习强者的长处并且想要击败这个羞辱过我们的强者，故而诗人也将英夷当作老师，视为学习对象，在《寰海》中写下"船炮何不师夷技？"《金焦行》更是借夷酋之口讽刺清政府的无能："夷酋登临亦太息，如此金汤不知守。"透过英国的强盛，即可看见中国的孱弱。

魏源看待"夷"的态度，绝不是像同时期或相当长一段时期的国人一般深陷偏执狭隘的民族排外主义，魏源审视"夷""我"的关系时是相对客观、公允的，如《澳门花园听夷女洋琴歌》中魏源能够轻松地与洋夷交往，听洋夷弹琴，赠洋夷字画，就如普通的朋友往来一般。即便是对侵犯中国的英夷，魏源用词也是相当节制，鸦片战争战败的事实证实了魏源对清朝国力的认识，也使他认识到了英国的强大，面对强大的敌人，最好的方式便是自我反省，奋起直追。

第三节　魏源诗文中"夷"的
套话与魏源的文化选择

　　套话是比较文学形象学中描述异国异族形象（他者）的一个术语，是一种特殊而又大量存在的形象。从先秦《山海经》到古近之交魏源的诗文，在古典性中国文学的"形象"发展史中，人们习惯用"夷"来概括异域、异族及异国形象，即形象学中的"他者"。魏源诗文中有众多的"他者"形象，比如"西洋""洋艘""洋琴""夷女""节旄""米利坚""英吉利""瑞士"等，这些可以通过"夷"的套话来加以概括。"他者"是相对于"自我"而形成的概念，指自我以外的一切人与事物。魏源诗文中也有大量的"自我"形象，比如"山水""河川""古迹""师友"，等等。魏源诗文中的"夷"实质上是众多"他者"形象的集合，即形象学中的套话。可以从魏源的文化选择立场对它们加以区分，有作为文化精华、魏源主张学习的西方先进的政治制度、科学技术等"他者"形象，也有作为文化糟粕、被魏源排斥与痛恨的诸如"侵略者""鸦片"等"他者"形象。

一、作为西方文化精华予以吸收的"他者"形象

　　在魏源所描述的众多"他者"形象中，魏源予以肯定和借鉴的西方文化精华主要表现在"制度文化"和"器物文化"这两个方面。
　　一方面是以美国、瑞士、英国为代表的"制度文化"，魏源把它们作为西方文化精华予以吸收和借鉴，主张通过学习西方政治制度以改革晚清弊政。
　　魏源在他的著述中，用较大的篇幅论述了作为"他者"形象的西方政治制度，对西方政治制度予以高度肯定。魏源在《海国

图志》中曾写到瑞士"至于朝纲，不设君位，惟立官长、贵族等办理国务"，民政上"皆推择乡官理事，不力王侯"，更是称赞瑞士为"西土之桃花源也"；而关于美国他则说"二十七部酋分东西二路，而公举一大酋总摄之。匪惟不世及，且不四载即受代，一变古今官家之局，而人心翕然，可谓不公乎！议事听讼，选官举能，皆自下始，众可可之，众否否之，众好好之，众恶恶之，三占从二，舍独徇同，即在下预议之人，亦先由公举，可不谓周乎！①"从魏源的论述中我们不难看出美国、瑞士等西方国家的政治制度属于"师夷"的范围，魏源对其持肯定的态度。他还认同英国的君主立宪制："国中有大事，王及官、民俱至巴厘满衙门（即国会），公议乃行。②"魏源还赞同西方国家普通民众对国会的影响，认为普通民众并不是被排除在外的，统治者应该团结民众、了解民众，民众也是有权力决定国家事务的。魏源主张学习以美国、瑞士、英国为代表的政治制度，并深受启发，以此来批判封建君主专制，宣扬民本思想。在他的相关文章中，他肯定百姓的力量与智慧，对于君主专制是持批判态度的。他否定"天子受命于天"，反对"君权神授"的思想。③

魏源《默觚·治篇十二》第一条："天下其一身欤？后元首，相股肱，争臣喉舌。然则孰为其鼻息？夫非庶人欤！九窍、百骸、四支之存亡，视乎鼻息。④"国家其实可以看作一个人的身体，君王是头脑，宰相就是手足，而大臣就是喉舌，那么最重要的呼吸器官呢？魏源认为百姓就好比鼻息，九窍、百骨、四肢的存亡，全靠鼻息。一个人要想延续自己的生命，口可以终日闭着，但呼吸是片刻也不能停的，就好比一个国家要想延续就必须

① 魏源. 魏源全集（第七册）·海国图志（卷七十九）[M]. 长沙：岳麓书社，2004.

②④ 魏源. 魏源全集（第十二册）·古微堂内外集（默觚·治篇）[M]. 长沙：岳麓书社，2004：54、55.

③ 姚武，向芷君."夷"的套话与魏源的文化担当意识 [J]. 邵阳学院学报（社会科学版），2019（3）.

要注重百姓的问题，要善于听取百姓的意见，懂得倾听百姓的呼声，了解百姓的疾苦。《默觚·治篇八》第四条："孤举者难起，众行者易趋。倾厦非一木之支也，决河非捧土之障也。一萧何而助之者良、平、信、越……而孔明自将以出祁山；身曳轮也。哀哉！①"众人拾柴火焰才会高涨，独自举重很难举起来，众人一起赶路就会走得快些，要倒塌的大厦不是一根木头就能支持得住的，决堤不是一抔泥土就能堵塞好的，一个国家单靠君王、大臣是不会发展、长久的，君王要懂得依靠百姓的力量，要团结百姓。对于百姓的智慧、力量，魏源是认可的，例如在鸦片战争中，百姓自发组织的抵抗运动，等等，都是正确、值得支持的。

反观封建专制统治的数千年里，君权一直被认为是至高无上的，西汉的董仲舒更是鼓吹"君权神授"，认为天子是上天命定的，君权是神授予的。魏源在《默觚·治篇三》第四条、《默觚·治篇十二》第一条中，则对"君权"进行大胆地冲击，否定君权神授，认为天子也不过是从众人之间产生的，将矛头指向了清朝统治集团，揭露和控诉他们对内强取豪夺、剥削百姓，对外屈膝媚敌的丑恶行径。这样的专制与美国、瑞士实行的分权统治、相互制衡、设官长管理事物相比，魏源应是更倾向于后者的。在认同以美国、瑞士、英国等为代表的政治制度的同时，魏源更是抨击了清朝的科举制度。三代时实行的是分封制、世袭制，寒门子弟即使满腹经纶、心怀壮志，也难以得到重用，更别提能做官。相比较而言，科举制的实行，不仅给了平常百姓一个机会，也给了统治者一个招揽人才的机会，但是科举制实行到清朝，结合当时的社会环境，弊病也彻底显露。在《都中吟》里，魏源写道："小楷书，八韵诗，青紫拾芥惊童儿。书小楷，诗八

———————————

① 魏源. 魏源全集（第十二册）·古微堂内外集（古微堂诗集·卷四）[M]. 长沙：岳麓书社，2004：67.

韵，将相文武此中进。①"大意为只要能够写出漂亮、端正的小楷字，能胡编乱造几首八韵诗，那么高官得来毫不费力。又因为清朝那时的规定是考不上翰林的官，就入不了阁，死后也不能谥文，所以那些考中的人会不停往上爬，考上了举人就想考进士，考上了进士就想进翰林。魏源当时多次参加顺天乡试、礼部会试，甚至在道光二十四年的礼部会试时被当权者以试卷不工整为由，罚其停殿试一年，空有满腹经纶、满腔抱负，却没有发挥的地方，真是莫大的遗憾。仅仅小楷写得好，会作诗就能得到官位，而像魏源、龚自珍这些真正有实才的人却得不到重用，这也表明清朝的科举制培养不出人才，选拔的都是一些脱离实际的书呆子，"所养非所用""所用非所养"，所以魏源在作品最后更是讽刺道：大河决堤，应该派会写桃浪诗的人去治理；前线告急，应该派能写檄文的人去御敌。魏源对当时科举以小楷书、八韵诗作为人才选拔的重要标准进行了批判、讽刺，认为这与从政没有一点联系，其实也从侧面反衬出魏源对美国、瑞士等西方国家政治制度的一种认同感。

魏源还揭露和抨击了清政府时期的吏胥政治。当时清政府财用不足，因此实行纳资捐官制度，此例一开，不但使官吏队伍更加混杂，还加剧了官场的贪赃枉法，使得贿赂公行。在《都中吟》中，魏源痛呼："吏兵例，户工例，茧丝牛毛工会计，全恃舞文刀笔吏。""缺可补，可不补；级可去，可不去，翻手覆手敢予侮，能令公喜令公怒。"②官缺能够补充，官级可以去除，这全凭当政者的喜怒。而有的胥吏能掌控选官之权，甚至是中央核心部门的官位也能捐纳，彼时的捐纳制度弊病显露，魏源却只能以诗歌呼吁痛斥，以此来引起人们的注意。魏源还说道"开科开捐两无益"，可以看出他是极力主张废除这两项制度的。

另一方面是以"坚船利炮""洋琴"等为代表的"器物文

①② 魏源. 魏源全集（第十二册）·古微堂内外集（古微堂诗集·卷四）［M］. 长沙：岳麓书社，2004：576.

化"，这些是西方科学技术和文化艺术的代表，魏源主张学习西方先进的科学技术和西方文化艺术，以改良风俗并实现富国强兵的目的。

魏源诗文中"夷"的套话包含着异国政治制度，通过对异国政治制度的探析，提醒统治阶级学习西方政治制度以改良封建弊政，逐步实现政治文化的自我觉醒。此外，魏源还主张通过学习西方先进的科学技术和西方文化艺术，达到改良风俗并实现富国强兵的目的。在鸦片战争中，西方列强用炮舰强行打开中国的大门，而清政府用刀箭进行的反抗显得那么脆弱；更甚者，火药本是中国最早发明的，但是在战争中中国被西方的炮弹打得毫无还击之力。魏源作为近代"睁眼看世界"的先驱，他认识到清朝腐朽的本质和西方科学技术的先进，在所著的《海国图志》中详尽地介绍了西方国家的政治经济制度、文化和先进的科学技术，尤其是火器和战舰的生产使用。在书的序言中，魏源提出"师夷长技以制夷"的主张，要"窃其所长，夺其所恃"，认为学习夷之长技有："一战舰，二火器，三养兵练兵之法。①"在《俄罗斯国总记》中，魏源记载："及于此达王……，微行游于严士达览等处船厂，火器局，讲习工艺，旋国传授，所造火器战舰，仅优于他国。……迨至今日，……其兴勃然，遂为欧罗巴最雄大国。②"可以看出，魏源对于俄国彼得大帝出行访问，学习先进科学技术的行为是非常认同、赞叹的。他认为当时的晚清政府要想由弱变强，也要像俄国彼得大帝一样，主动去学习西方先进的科学技术，而不是闭关锁国，认为天朝至上。当时英国之所以能够战胜中国，就是因为他们有先进的科学技术，有坚硬的船舰、锐利的炮弹，他们能够去学习他国的先进技术。所以，魏源也主张晚清

①　魏源. 魏源全集（第五册）·海国图志（原叙）[M]. 长沙：岳麓书社，2004：1.

②　魏源. 魏源全集（第六册）·海国图志（卷五十四）[M]. 长沙：岳麓书社，2004：1457.

政府建厂制造船舰、炮弹，引进人才，并且要培养、训练技术人员，等等。

魏源认识到清朝逐渐衰落的原因主要在于晚清政府的弊政，因而魏源认为学习先进的科学技术，必须要有开放的政治环境。每当看到内忧外患所导致的晚清政府满目疮痍的局面时，魏源痛心疾首，却无从改变。于是，他还把目光转向清初康乾盛世，期待从文化"自我"中挖掘良策以挽救晚清羸弱之势。魏源赞叹可称之为"壮潮"的清初时期。"壮潮"一词出现在魏源的《钱塘观潮行》中，这是一首七言古诗，写于鸦片战争后的1842年。"江逆飞，海立起，天风刮海见海底，涌作银涛劈天驶。"① 天风将大海掀开，露出海底来，汹涌的银白波涛劈天疾驶，世界上再瑰丽奇绝的美景都不能与之相比，短短的几句话，却写出了钱塘江潮瑰丽奇绝的壮观景象。"潮如百物有壮老，少壮春雷草怒芽，老后秋风弩穿缟。"②魏源眼中的"壮潮"实指的是开国初期的清王朝，清朝开国初期，气势如虹，百万骑兵涉水疾驰都不用船，统治者也懂得用人之道、民心所向；与之相对应的，"老潮"则象征了鸦片战争后的清王朝，当时统治者的腐朽，百姓的痛苦哀怨，外敌的侵略，无不显示着清王朝即将走向灭亡，而诗中"天朝昏"一句更是对清王朝腐朽虚弱的本质进行了大胆深刻的揭露。由此可见，魏源"师夷"中"夷"不仅包含制度层面的"他者"，也包含器物层面的"他者"，而且，魏源在"师夷"的同时还主张"师古"，不仅内外求索而且上下求索，可谓用心良苦。

魏源还主张学习以"洋琴"为代表的西方文化艺术。洋琴作为西方文化艺术的典型器物，在《澳门花园听夷女洋琴歌》中有提及。在当时那种环境下，外敌入侵，官员和平民百姓都对西洋人很排斥、痛恨，不论是他们的人，还是他们的物品。但是魏源

---

①② 魏源·魏源全集（第十二册）·古微堂内外集·古微堂诗集（卷六）[M]. 长沙：岳麓书社，2004：618.

没有一味地否定西洋，他赞叹外国人的智慧，欣赏他们的勇气，也认同他们的建筑、音乐、乐器等，在《澳门花园听夷女洋琴歌》中尽情地抒发了自己对于西洋音乐的感受。可以说"洋琴"所代表的音乐文化在某种程度上是代表着整个西方的艺术文化的，魏源并不因西方列强的入侵而去否定他们的艺术文化，相反，魏源对此持肯定的态度。他有远见，有自己的进步思想，能够看到西方艺术文化的闪光点，进而提倡学习他们的长处，这才有了他的"为以夷制夷而作""为以夷款夷而作""为师夷长技以制夷而作"①，想要战胜敌人，首先要去了解他的文化、他的思想。为此，魏源当时主张清王朝去学习西方的政治制度、文化、技术、建筑，等等，主动地去了解，取其之长，避其之短，以此来挽救晚清的衰败。

由上可知，魏源"师夷"可以说是较全面地学习西方，从"制度文化"到"器物文化"，其直接目的在于达到"富国强兵"的状态。其诗文中"夷"的套话内涵非常丰富，不仅有作为文化精华加以学习的"他者"形象，也有作为文化糟粕予以排斥的"他者"形象。

二、作为文化糟粕予以排斥的"他者"形象

魏源以"睁眼看世界"的眼光，了解了不少西方的制度文化和器物文化，但并不主张一味地予以吸收和借鉴。他作为地主阶级改良派，深切地感受到西方侵略者带来的社会危机和文化危机。一方面，他排斥西方列强的鸦片贸易，支持林则徐的禁烟主张；另一方面，对因鸦片贸易而引发的鸦片战争更是深恶痛绝，批判西方侵略者。因而，在他描绘的众多"他者"形象中，"鸦片"以及以"冯夷""贝族"为代表的侵略者是他所排斥和批判的主要对象。

---

① 魏源. 魏源全集（第六册）·海国图志（卷五十四）[M]. 长沙：岳麓书社，2004：1.

146

魏源留有 900 首左右的诗歌，其中描写鸦片战争题材的诗歌有 90 首左右。有资料记载，鸦片在清朝以前就已经传入中国，但那时候情况并没有如此严重，鸦片甚至还能入药，或者用以麻醉。鸦片最初进入中国是有一定限制的，但在鸦片战争前的七十年间，以英国人为主的外国商人一年比一年多地向中国贩运鸦片。乾隆三十八年（1773 年），东印度公司开始在印度实行鸦片专卖，这时每年已有一千箱鸦片输入中国；到了嘉庆年间（十九世纪初期），每年的输入量增加到四千多箱；到了鸦片战争前几年间，每年多到四万箱左右。① 鸦片战争前夕鸦片的大量输入，不仅造成清朝白银大量外流，国库空虚，财政危机严重，加重了统治集团对百姓的搜刮，使得社会矛盾日益尖锐，而且还严重侵害、腐蚀了中国人民的心理、精神。鸦片在当时的危害显而易见，它使得人沉迷于此，吸食上瘾的人会变得面如死灰，无比消瘦，龇牙咧嘴，两肩高耸，终日昏昏沉沉，完全没有活力，富人吸食则逐渐破产、贫穷，穷人吸食则只能等死般地度日。那时还有人评价鸦片贸易比奴隶贩卖更加残酷，鸦片不仅折磨人的肉体，还腐蚀他们的思想，扼杀他们的灵魂，败坏他们的品格。对于"鸦片"这个西方糟粕，魏源赞成林则徐的禁烟主张，是持批判态度的。

魏源对西方列强以"鸦片"为借口发动的战争更是深恶痛绝，丧权辱国的《南京条约》的签订更是令他痛心。《秋兴》十一首之三："大漏卮兼小漏卮，宜防市舶两倾脂。每逢筹运筹边日，正是攘琛攘赆时。海若蛟宫奔贝族，河宗宝藏积冯夷。莫言象数精华匮，卦气爻辰属朵颐。"② 因为鸦片的大量输入，白银哗哗往外流，官吏在治河、运粮时又大肆贪污，就好像是大的破漏

① 胡绳. 从鸦片战争到五四运动 [M]. 上海：华东师范大学出版社，2014.

② 魏源. 魏源全集（第十二册）·古微堂内外集·古微堂诗集（卷九）[M]. 长沙：岳麓书社，2004：685.

器具加上小的破漏器具，财富流失很快，而财富的流失是因为龙宫里闯入了"贝族"，河宗的宝藏进入"冯夷"的口袋。外国的侵略者闯入了清王朝的地盘横行肆意，国内的封建统治者也不顾百姓、国家，只知道填满自己的口袋，魏源对二者进行控诉，认为财富枯竭的根源就是"冯夷""贝族"这些吸血鬼的贪得无厌。

对"冯夷""贝族"魏源并不尽是批判、控诉，比如以"夷女"为代表的部分西方人是他所认同的。魏源生平曾到处游历，为了写作关于列强的事情到处搜集材料。他曾到达澳门，在那里认识了葡萄牙人委理多，还受邀到委理多家里做客，委理多热情招待，还让家人弹奏洋琴给魏源听，临别更是赠送洋画作留念，魏源自己也并没有说"非我族类，其心必异"，他赞叹委理多家人的热情好客，孩子的天真客气，赋诗相以赠送。《澳门花园听夷女洋琴歌》中"膝前况立双童子，一双瞳子剪秋水""中原未之见也"①，不难看出魏源对葡萄牙人委理多孩子外表的夸赞、喜爱。"夷女"的形象其实代表了除侵略者之外的"冯夷""贝族"形象，不是所有的夷人都是敌人，他们有的也是善良、勤劳、热情的，不能以偏概全，否定所有的"冯夷""贝族"，要有宽广的胸襟，具体问题具体分析。中华民族是礼仪之邦，对于"夷人"的友好，魏源还之以友好，表现出对自我文化的自信。

三、从魏源诗文的异域形象看魏源的文化选择

面对鸦片战争前后"他者"形象的转型与变化，魏源通过"夷"的套话，在较全面了解"他者"的同时，也对"自我"文化表现出较充分的自信，在内忧外患的文化语境中进行文化探索，表现出强烈的文化担当意识。鸦片战争以前，历代文学或文化典籍中的"他者"，大体上即所谓的"东夷西戎南蛮北狄"，从总体上说，其文化实力都弱于中国，即便曾经以武力"征服"了

---

① 魏源·魏源全集（第十二册）·古微堂内外集·古微堂诗集（卷六）[M]. 长沙：岳麓书社，2004：630.

中原（如蒙古族和满族），但最终不得不被中原文化的强力所同化，从而实际上成为中原文化的皈依者。① 鸦片战争之后，随着西方"他者"的强势出场和"华夷秩序"的崩溃，当"大自我"急剧坠落为"小自我"时，作为中国文化主体的人文知识分子不可避免地陷入对"他者"文化的焦虑，在保持文化自尊心的同时不断地进行文学探索和文化选择。面临着传统文化向近现代文化转型、本土文化和外来文化碰撞的多元文化格局，身处"千古未有之奇变"时代的魏源不可避免陷入"文化焦虑"的境地。清王朝的腐败无能，列强的侵略，使得当时的社会动荡不安，平民百姓的生活苦不堪言，像魏源一样心怀抱负的人得不到重用，还遭受压迫、屈辱。面对当时的政治、经济、文化格局，魏源时刻保持着清醒的头脑，进行艰苦而卓越的文化探索，表现出强烈的文化担当意识。魏源赞同以林则徐为代表的抵抗派的英勇奋斗，同情百姓疾苦，且主张"师夷长技以制夷"。接下来将从以下两个方面对魏源的文化担当意识进行探析：

（一）改良主义的文化选择态度

魏源的一生刚好经历了清政府由盛到衰的过程，面对当时的内忧外患，魏源没有固守着自身的利益一成不变，他批判清政府的腐败无能、故步自封，同情百姓疾苦，讨伐侵略者的蛮横粗暴、贪得无厌，能够反省自我，主张学习西方的政治、科技、文化艺术等，以此来改变清政府的被动、受侵略的局面。

在魏源的诗文中出现了一个"拒绝洗澡的'懒汉'"形象，他其实隐喻了清政府统治阶层的顽固派、投降派。魏源在古乐府《行路难》（十三章）中写道："有客色难心畏洁，欲浴先必谋蚍蜉，甘听群污饱膏血，甘此七斤大布袍，百年不浣沧浪月。"② 有

---

① 杨晓林. 从"夷"到"他者"：中国文学中"异"的形象学解读［D］. 广西师范大学. 2002.

② 魏源. 魏源全集（第十二册）·古微堂内外集·古微堂诗集（卷四）［M］. 长沙：岳麓书社，2004：569.

一种人对洗澡很抗拒，非常害怕洗澡。让他清洁还必须先去问问虮虱的意愿，宁愿让虮虱饱食鲜血，甘愿穿着七斤重的脏污布袍，即使百年也不愿将之洗干净。魏源描绘的这样的极致懒汉形象，暗里指向了清王朝的顽固派、投降派。他们不思进取，固守着已有的死制度和自身利益，排斥一切损利主张，阻碍着清王朝的发展。与此对应的，魏源则表达出对以林则徐为代表的抵抗派的赞叹。鸦片战争的爆发不仅使得百姓、爱国官员痛苦，更加速了清王朝的覆亡脚步。可是战争中的投降派，他们顾及个人利益，极力唆使统治者投降。鸦片的流通不仅与侵略者有关，更与当时的官员们息息相关，他们为了巨大的利益组成一个包庇鸦片走私的集团，抵抗派的行为损害了鸦片走私集团自身的利益，他们就将侵略者的逼迫归咎于抵抗派。以琦善、伊里布等为代表的投降派更是散布舆论，将罪责全部推到林则徐等人身上，最后还签订了卖国条约。为此魏源深感悲愤，撰写了《圣武记》《海国图志》等书，和抵抗派一样主张要正视西方的侵略，要学习他们的先进技术、政治制度，要有尊严、有骨气，大赞林则徐等人的英雄气节和爱国主义精神。

"烛花不剪烛不燃，蟫蠹不蠲书不全，素女善革娲皇弦。"都知道蜡烛不剪去烛花就不能继续带来光明，书籍不除掉书虫就不能完好地保存，而素女之所以被赞誉，是因为善于改变娲皇弦。"一番澡雪一番新"，洗掉污秽才能一身清爽，剪去烛花蜡烛才会明亮，除掉书虫书籍才会完好，诗句讽刺顽固派的丑恶，强调了对于当时的清王朝来说除弊革新的必要性。魏源诗文中还出现了"讳疾忌医的田侯"，他在《行路难》（十三章）之《针灸苦肤药苦口》里说："扁鹊见田侯，三见三叹烯。初见腠理可针灸，再见肠胃可汤液。针灸苦肤药苦口，攻泄恐伤元气厚。何如勿药得中医，国老衣钵为君授。三见始入门，望气先却走。药石攻补百

150

不受，太乙雷公齐束手。娭童媚子环刍狗，堂上称觞万年寿。"①田侯，名午，战国时期的齐桓公。名医扁鹊三见田侯每次都叹息，初见时扁鹊说田侯的病还只是表面的，可以用针灸治疗，而田侯却认为这些所谓的名医都是骗子，并不信任扁鹊。第二次见田侯时，他的病还可以用汤药治疗，但是汤药苦口，田侯并不领情。等到第三次见时，扁鹊却不再过问田侯的病情，说病入骨髓就是神仙都难救。其实魏源写讳疾忌医的田侯，实则是暗指清王朝的统治者。当时的清王朝内忧外患，而统治阶级却没有关注这些，有的只是贪图享乐，在乎一点甚小的利益；更甚者，当时我国已经与西方通商二百年之久，清统治者却不知道英国在什么地方，对他们全然不知。田侯讳疾忌医，最终自取灭亡，他的婢女宠臣们却在祈求上苍降福，满朝文武则在朝堂上祝贺田侯万年长寿，这实则也映射出封建社会到了清朝已经处于无药可救的末世。

晚清政府内忧外患，满目疮痍，魏源意识到如此局面不仅仅是蛮夷、列强入侵的结果，于是主张去学习西方的政治制度、先进科学技术、文化艺术，以实现富国强兵的目的。同时，魏源还主张改革内政，提倡经世之学以挽救衰败的清政府。

（二）经世致用的文化利用方法

古时常有一些文人墨客不喜世俗险恶，不愿面对朝廷的阿谀奉承而选择避世隐居，不再过问人世疾苦。有人认为避世隐居很好，过自己喜欢的田园生活，不问世事，不为外界而徒增烦恼。很多人都向往这种隐世生活，而魏源却批判这种隐居方式，认为这是一种极其消极的态度，没有爱国主义情怀。就如两汉交替之际汉朝道家易的代表人物向长，他以不因家事自累而选择隐世；东汉禽庆以儒生去官，隐世而居，魏源认为他们的隐世而居是一种极为消极的态度。而在《不忧一家寒，所忧四海饥》里，魏源

---

① 魏源. 魏源全集·古微堂诗集 [M]. 长沙：岳麓书社，2004：570.

能够从一个人的饥饿联想到一个家庭的饥寒，从一个家庭的饥寒联想到天下百姓的疾苦，感叹"痌瘝苟不瘳，尧禹亦何为！"处在当时内忧外患的局面中，魏源没有选择避世隐居，而是坚持经世致用的态度。他忧思疾苦，积极寻求变强大的方法，提出"师夷长技以制夷"的主张，提倡打开国门，主动积极地去学习西方的政治制度和先进的科学技术，而不是闭关锁国。与向长、禽庆等避世隐居者相比，魏源则以此来衬托出自己勇于面对现实，积极寻求解救办法的志向和自己的爱国主义情怀。①

魏源用辩证的眼光进行文化选择，对"夷"加以区分，学习西方文化的精华，剔除西方文化的糟粕，以促进自我文化的发展与进步。就好比任何事物都有两面性，好或者坏都要根据具体的情况来分析，而不能一味地肯定或者否定。西方列强的入侵，给当时的清王朝带来了巨大的伤害，不管是在经济、政治、还是在文化上，侵略带来的影响是不可磨灭的，这么看来它的影响必定是坏的那一面。但是，我们换一个角度，当时的清王朝面临的不仅仅是西方的侵略，更有内部的矛盾，统治阶级的腐朽、破败，人民的苦不堪言，而且社会不是一成不变的，不论变化的大小，它总是在慢慢进步的。所以，对于当时的社会来说，西方的入侵除了带来伤害，同时也带来了民族的觉醒。通过解读魏源"夷"的套话，可以清晰地探明魏源文化选择的目的，学习"他者"以复兴"自我"，体现了作为人文知识分子的魏源强烈的责任担当意识。②

魏源在他的诗文等著述中，立足于改良主义的文化选择态度，坚持经世致用原则，以"夷"的套话展现"他者"形象，既看到了西方列强作为"番鬼蛮夷"的野蛮"他者"形象，同时又以开明的态度主张"文明师长"，学习西方的政治制度、科学技术和文化艺术等，饱含爱国热情，表达图强之志。作为地主阶级

①② 姚武，向芷君."夷"的套话与魏源的文化担当意识 [J]. 邵阳学院学报（社会科学版），2019 (3).

改良派，他以"创臻辟莽、前驱先路"的精神，进行艰苦而卓越的文化探索，表现出强烈的文化担当意识。正如梁启超所说："其论实支配百年来之人心，直至今日，犹未脱离净尽。①"魏源诗文中"夷"的套话所提供的改革开放思想与文化理念，势必会促进中国近代化进程的发展。②

---

① 梁启超. 中国近三百年学术史 [M]. 上海：三联书店, 2006：156.

② 姚武，向芷君."夷"的套话与魏源的文化担当意识 [J]. 邵阳学院学报（社会科学版），2019（3）.

第五章　魏源诗文的异域品格及其时代价值

　　魏源与龚自珍被誉为中国近代文学的先驱，并称"龚魏"，对中国近代文学的产生与发展影响深远。在对传统文学观念的改造上，龚自珍直接表示"怀疑"并提出"挑战"，而魏源则主张"传承"与"改造"并重。他一方面坚持"载道""言志"，提出"道存乎实用""文资乎救时"等主张，传承功利主义的文学传统；另一方面从"古微"到"师夷"，在继承传统文学观念的功利主义基础上加以探索与改造。他的"主逆复古"论和"愤悱启发"论，不但具有鲜明的时代特征，也预示着近代文学功能的新方向，成为古近之交"鼓民力""开民智"的文学启蒙的滥觞。①鸦片战争后，中国文化面临着双重挑战：本土文化面临着外来文化的挑战，传统文化面临着近现代文化的挑战。而作为处在时代变化节点的启蒙思想家魏源，审时度势，其诗文寄寓了自己深切的文化探索精神，具有独特的文化品格。魏源诗文具有鲜明的异域品格，其核心在于主变创新与时代主题的拓展。尽管存在着时代与个人认识的局限，但是魏源诗文中"他者"形象的呈现与"自我"身份的反思与重建，启迪和引导了近代思想文化变革，标志着中国近代改革创新精神的彰显和中国人的近代觉醒，拓展了文化视野，改变了认识观念，不论在中国思想史、文学史还是学术史上都占有重要的地位。作为近代著名的湘学人物，魏源诗文的异域品格启发并促进了近代湘学发展；作为晚清复兴经世致

---

　　① 王飚. 魏源经世文论对传统文学原则的改造——魏源文学观的近代意义［J］. 文学与文化，2014（2）.

用学风的代表人物，魏源诗文的异域品格促使他对近代爱国主义主题进行重新定位与探索；作为西学东渐文化语境中的核心人物，魏源诗文中的异域品格使得他的思想在中西文化交流中具有重要的价值与意义。

第一节　魏源诗文的异域品格与近代湘学发展[①]

鸦片战争以后，中国面临着西方文化与本土文化，传统文化与近现代文化冲突的双重挑战，也就面临着学习西方文化和传统文化向近现代文化转型的双重困境。中国近代化突围是一个走出文化困境的过程，主要表现为向西方进行文化选择以及实现传统文化近现代转型。历来擅长于困境突围的湘学人物都能够迅速地适应时代要求，进行艰难而卓越的文化探索。"千年湘学史，近代最辉煌"，近代湘学的发展是对湘学传统的传承和中国近代时局变化的回应。[②] 一大批湘学人物艰难求索，以寻求中国近代化突围的新方法和新途径。湘学是以儒家性理之学为主导，强调经世实践的地域学术。湘学始育于鬻熊、三闾时代，成于两宋，发展于元明，兴盛于清初至中叶，辉煌于近代至民国时期。

近代湘学的辉煌是以魏源作为开端的。魏源从小博览群书，青年时期求学于岳麓书院，由于仕途不得志，一生中大部分时间在做地方督抚的幕僚并勤于著述。他著述丰富，有《古微堂诗集》《皇朝经世文编》《海国图志》《圣武记》《元史新编》等四十余种。郭嵩焘评价魏源"其为学淹博贯通，无所不窥"。[③] 魏源治学视野开阔，观念求新，方法求变。作为近代"睁眼看世

---

① 姚武. 魏源与湘学演进：中国近代化的开启与突围 [J]. 湖南科技大学学报（社会科学版），2016（3）.

② 吴仰湘. 晚清湘学述略 [N]. 光明日报，2004-1-20（第7版）.

③ 陈寒鸣. 魏源与晚清学风的转变 [J]. 历史教学，1987（5）.

界"的中坚力量，魏源适应时局变化，著书立说，在他的诗文中既秉承传统湘学学术精神，又进行新的思想文化探索，具有鲜明的异域风格。他运用世界眼光，倡导今文经学，复兴"经世致用"思想，提出"师夷长技以制夷"等主张，在学术视野、精神特质、价值取向和治学方法等方面促进了近代湘学的演进和发展。从魏源开始，一大批湘学人物进行创新与革命，对中国近代化的开启与突围产生深远影响。

一、魏源运用"世界眼光"，拓展近代湘学学术新领域，为中国近代化的开启与突围提供新视野

严格学理意义上的湘学，其研究视野是指两宋到清末在湖南地区产生和发展的，将儒家性理之学与经世之学相结合的学术形态。湘学是中国传统学术即"国学"的组成部分，也是传统儒学、宋明理学的重要分支，是儒学发展和儒学地域化的产物。它的研究视野具有内在的自足性，具有一定的保守性和封闭性。但由于湘学一直以来具有"学贵力行""经世致用"等特质，所以当湘学发展到近代，它的学术领域根据时代的变化，突破中国传统学术的研究局限，开始放眼世界。在传统湘学"敢为天下先"的感召下，魏源应时而变，运用"世界眼光"，在拓展近代湘学学术领域的同时，探寻造成中国近代文化困境的根源，在中国近代化开启与突围上起到了重要的开拓作用。

魏源"世界眼光"的形成源于两个方面。一方面来源于传统湘学人物"敢为天下先"精神的感召。"敢为天下先"是传统湘学中一个十分鲜明的特点。近代湖南著名的革命家杨毓麟（1872—1911）最早注意到"敢为天下先"的湖南人精神，并将它从理论上加以概括。他认为古代湖南人敢为天下先最突出的代表人物，有被称为"两宋道学不祧之祖"的周敦颐和批判"程朱理学"和"阳明学说"，创立唯物主义与辩证法相结合的哲学体系的王夫之。周敦颐作《太极图说》，他"师心独往，以一人之意识经纬成一学说"，为中国封建社会占统治地位的意识形态

"宋明理学（道学）"奠定了基本框架。"船山王氏，以其坚贞刻苦之身，进退宋儒自立宗主，当时阳明学说遍天下，而湘学独奋然自异焉。"将中国古代唯物主义哲学推到了最高峰。① 先有开拓进取的创新精神，才有不断拓展的广阔视野。湘学人物的率先垂范激励了魏源勇敢地去探索，不断地开拓学术视野。另一方面，魏源长期居于中西文化交汇点和传统中国与近代世界接轨处的江浙之地，能较早地了解时局变化。魏源通过本人亲身经历、师友介绍及相关文献资料等途径来认识世界。1840 年"亲询英俘"，1841 年亲历抗英前线，目睹英军坚船利炮之威力，1848 年行至岭南，这些都让魏源直接接触到西方的政治、经济和文化。通过这些经历，魏源对西方资本主义世界有了粗浅的认识，培养了自己的"世界眼光"。他在《英吉利小记》中介绍英国的概况及英国的侵华意图；在《道光洋艘征抚记》中，针对英军坚船利炮之威力提出学习西方先进的军事技术；在诗歌《澳门花园听夷女洋琴歌》中发出"如游海外"的感叹。最能够代表魏源"世界眼光"的著作是《海国图志》。魏源应承"恐患无已时，且他国效尤"的远虑，即将前往新疆的好友林则徐的叮嘱，编撰完成《海国图志》。五十卷本《海国图志》于 1843 年农历五月在扬州发行。根据《海国图志》的序言，其来源和依据如下："一据前两广总督林尚书所译西夷之《四洲志》，再据历代史志及明以来岛志及近日夷图、夷语。②"后来经过两次大的修订和补充，增加新的见闻和域外资料，魏源把《海国图志》扩充成一百卷本的鸿篇巨制。这是当时中国介绍西方世界最全面的一本书，涉及西方各国政治、经济、军事、文化、宗教、习俗等方方面面。

在近代湘学人物中，魏源最早开始运用"世界眼光"来思考

① 王兴国. 敢为天下先：湖南人精神［EB/OL］. 天涯论坛-湖南发展，（2004-04-26）http：//bbs. tianya. cn/post-56-546011-1. shtml.
② 魏源. 魏源全集（第四册）·海国图志［M］. 长沙：岳麓书社，2004：1.

和探索时局变化的原因。魏源认为，造成中国近代化困境的原因，从外在因素来看，是资本主义列强用坚船利炮攻破了中国的国门，中国本土文化面临着外来文化的挑战，面临着文化救亡的迫切需要。魏源认为导致时变的内在因素是清政府当时奉行闭关锁国的外交政策，晚清统治者既看不到封建自然经济的发展危机，更排斥外来文化的影响，这是根本原因。从明朝中后期开始，资本主义因素在封建经济内部滋生并发展，封建自然经济会以不可抗拒的趋势逐渐走向解体。但清朝统治者看不到资本主义文化占据世界优势文化地位的发展趋势，他们视近代西方文化为洪水猛兽，禁止与西方列强进行经济、文化方面的交流，还人为地设置了西方文化教育在中国传播和交流的障碍，造成科学不被重视、进步遇到阻碍、商业备受抑制的局面，为尔后的中西文化的激烈冲突埋下了隐患与祸根。而这样的发展趋势不可避免地会导致中国传统文化向近代文化转型，中国近代文化面临着文化启蒙的要求。在"夷事"还是"举世讳言"的时代，魏源提出"师夷长技以制夷"的重要主张，无疑是令人震惊的。魏源不仅促使身在朝廷"徒知侈张中华，未睹寰瀛之大"① 的封建士大夫从"天朝上国"的迷梦中惊醒，还通过"立译馆，翻夷书""探阅新闻纸"② 等主张呼吁国人通过阅读夷书、看新闻报纸来获悉夷情。

魏源"世界眼光"的运用，一方面开拓了湘学研究领域。魏源提出"睁眼看世界"的口号，引导人们了解和认识西方世界，学习资本主义世界的先进文明，这是传统湘学向近代转型的思想和理论基础，为湘学在近代的新发展提供了新领域，湘学突破了研究传统儒学的局限，转而向西学寻求借鉴，促进了中国近代化

① 魏源. 魏源全集（第三册）·圣武记 [M]. 长沙：岳麓书社，2004：512.

② 魏源. 魏源全集（第六册）·海国图志 [M]. 长沙：岳麓书社，2004：1409—1425.

的开启。另一方面，魏源的"世界眼光"也为中国近代文化突围提供了新视野。在中国近代文化的发展演变过程中，循着魏源的"世界眼光"，一大批湘学人物放眼世界，接触和研究西学，从西学中寻求中国近代文化启蒙和救亡的新方法和新路径。曾国藩主张学习西方先进的工业技术，兴办洋务，发展中国近代工业；郭嵩焘作为清代第一位驻英法公使，不仅敢于考究西方政体，而且敢于肯定其优长之处；谭嗣同力倡维新，认为只有发展工商业，学习西方资产阶级的政治制度才能实现中国强盛，提出废除科举、兴办学校、开采矿藏、修建铁路、兴建工厂、改革官制等一系列变法维新主张。

二、传统湘学"经世致用"的思想，经过魏源的复兴和推进，成为近代湘学人物探求中国近代化突围的思想武器

经世致用是儒学的优良传统，它坚持实用主义，提倡学术要面向现实且为现实服务。经世致用思想关注社会现实，体现了中国传统知识分子"以天下为己任"的务实情怀。每当社会面临危机之际，进步的中国知识分子往往以经世致用作为行动的号召和准则。经世致用也是湘学的精神特质和基本内核之一。作为中国传统儒学文化的重要组成部分，湘学反对空谈道德心性，主张经世致用，提倡实事实功之学。湘学成立之初的主要奠基人胡宏认为："学圣人之道，得其体，必得其用，有体而无用，与异端何辩。"① 胡宏的弟子张栻也继承这一精神。明清之际湘学代表人物王夫之一生主张经世致用思想，自谓"六经责我开生面，七尺从天乞活埋"，主张学术的目的是救世济民。

鸦片战争之前，龚自珍、魏源等人就大力提倡今文经学。清初乾嘉学派的考据学盛行，在一定程度上淹没了湘学一以贯之的

---

① 谢双明. 湖湘文化对李达的影响 [J]. 湘潭大学社会科学学报，2002（1）.

经世致用思想。随着嘉道年间统治阶级的日益没落，各种社会矛盾交织，内忧外患的社会危机唤醒了部分封建士大夫的经世意识，魏源就是其中之一。他既反对空谈心性的宋学，又排斥支离繁琐的汉学，他推崇今文经学。他认为在"千古未有之奇变"的时代，封建士大夫所尊崇和信奉的汉学和宋学已经不能适应时代的发展要求。他师从晚清大儒刘逢禄，学习和领悟公羊学，认为公羊学中的变易思想能为政治改革提供理论依据。他以治与学为一体，强调学以致用，认为道须因事而著，学必因事而显，日颂千言而不知用不可以称为学，惟出其所学而治斯民方堪誉为"豪杰""圣贤"。魏源的《皇朝经世文编》被认为是晚清经世运动的宣言书。在该书的序言中他强调："事必本乎心，法必本乎人，今必本乎古，物必本乎我。①"他对选文的要求是古为今用，借古讽今。因此，《皇朝经世文编》是一部汇集了大量有关国计民生的经世论文总集。他的编写原则是："凡高之过深微，卑之糟粕者，皆所勿取焉"，"时务莫切于当代，万事莫备于六官……凡古而不宜，或讯而罕切者，皆所勿取矣②"。魏源治学讲究实用，他从理学入门，反对空谈之宋学和琐碎之汉学，由公羊学走向经世实学。他坚持"道存乎实用"的经世致用目标，认为治学应能解决实际问题，为治国服务。于是，在魏源等人的提倡之下，经世致用思想在沉寂多年以后复兴成为晚清和近代的学术主流。

鸦片战争之后，魏源的经世致用思想有了新的发展。一方面魏源在相关论述中增加了有关夷情夷事的内容，经世致用思想由封闭走向开放，开始挑战华夷观念。魏源在《海国图志》中提出的"师夷""制夷"主张，极大地冲击了"华夷之辨"的传统观念。一般来说，"华夷之辨"源于西周时期，在春秋战国时期定

① 魏源. 魏源全集（第十三册）·皇朝经世文编 [M]. 长沙：岳麓书社，2004：2.

② 魏源. 魏源全集（第十二册）·古微堂内外集 [M]. 长沙：岳麓书社，2004：48.

型，深化于秦汉，强化于魏晋，并在隋唐发生转化，五代时期出现淡化，宋明两代又恢复正统，在晚清由于华夏文明的失落产生深刻嬗变。魏源通过对夷情夷事的介绍促进了"华夷之辨"的近代嬗变，在当时起到了思想解放的催化作用，促使开明的地主阶级改革派以文化探索者新的眼光来看待中外关系，以开放的心态审视近代世界。另一方面，魏源主张发展近代工商业，其经世致用思想逐渐摆脱了"农本商末"的传统经济观。当外国商品挟着坚船利炮之威涌入中国，大量白银流走之时，魏源的经济思想由战前的"重本抑末"观念发展为"本末并重""缓本急标"的观念。他在《圣武记》中指出："语金生粟死之训，重本抑末之谊，则食先于货；语今日缓本急标之法，则货先于食。"魏源在时局变化的关键时刻，秉承传统湘学经世致用思想，站在新的历史高度，促进近代经世致用思想的复兴和转型。正如齐思和先生评价的："晚清学术界之风气，倡经世以谋富强，讲掌故以明国是，崇今文以谈变法，究舆地以筹边防。皆魏氏倡导之。①"

"经世致用""内圣外王"向来是儒家本色。陆象山曾说："儒者虽至于无声无臭，无方无体，皆主于经世。"明末关中大儒李颙也讲得很明白："吾儒之教原以经世为宗。"② 魏源经世致用思想在晚清的复兴，实际也是儒学经典精神的复兴，也是继王夫之后湘学一以贯之的经世致用思想的又一次彰显。自魏源复兴和发展经世致用思想之后，湘学对经世致用思想的提倡一直处于全国领先地位，一大批湘学人物秉持经世致用思想，在中国近代历史上创造了巨大的经济事功和政治事功，促进了中国近代化的发展进程。比如曾国藩"举办洋务""科教兴邦"，左宗棠"工业救国""兴塞安邦"，谭嗣同"变法维新""慷慨赴义"，蔡锷

① 魏源. 魏源全集（第二十册）·魏源传记资料［M］. 长沙：岳麓书社，2004：750.

② 王惠荣. 魏源与晚清经世致用思想的复兴与转型［J］. 赤峰教育学院学报，2003（4）.

"反帝护国""力倡共和",等等,无不受到经世致用思想的感召。他们或通今博古,致诸用事;或干预政治,针砭时弊,使得湘学经世致用思想越来越为世人所瞩目。不论是以曾国藩为中心的地主阶级改革派提出的"西学为用,中学为体"主张,还是以谭嗣同为代表的资产阶级维新派提倡的"中体西用"原则,都遵循了传统文化中的经世致用原则,经世致用思想也成为文化探索者寻求中国近代化突围的强大的思想武器。

三、以魏源为先驱的近代湘学人物传承"忠君爱国"的价值取向,敏求湘学爱国主义的时代主题,谱写中国近代化突围"爱国图强"的精彩篇章

中国传统知识分子一直坚守着"修身齐家治国平天下"的情怀,以仁为本,忠恕至上。爱国主义是中国传统文化的核心价值取向之一,也是湘学精神的精髓。中国传统文化和传统湘学中的爱国主义精神带有浓厚的"忠君"色彩,从晏子使楚、苏武牧羊、祖逖北伐到岳飞抗金、戚继光抗倭等,都表达了对君主的效忠。湘学自孕育开始,爱国主义的价值取向就已经产生,"忠君"是一直贯穿在传统湘学发展过程中的红线。从屈原"投江报国"、贾谊主张"经世济用",到柳宗元"贬谪不忘爱民忧国",再到范仲淹"心忧天下";从周敦颐首开宋明理学,到胡宏、张栻等首倡湖湘学派,再到王夫之"六经责我开生面",这些都是传统湘学忠君爱国精神的集中体现。

传统湘学产生和发展于中国漫长的封建社会,作为"儒学地域化"的一个重要分支,其代表人物大多为封建士大夫,基于正统儒学"天伦"(天、地、君、亲、师)和"人伦"(君臣、父子、夫妻、兄弟、朋友)等家国理念,他们往往以"忠君"的形式来表达对国家的忠诚与热爱。董仲舒提出"惟天子受命于天,天下受命于天子"。在中国封建社会,君王乃国家的化身,封建士大夫们忠于皇帝、忠于政权是秉持"天理"也是合乎"人情"的。"千百年来,从屈子忧国沉江不悔,到李柿全家舍命抗元,

再到明清之际湖南誓死抵满，百姓'白布缠头，擒杀县佐'，忠君观念逐渐内化且不断牢固。"① 即便是作为地主阶级改良派的魏源也摆脱不了"忠君爱国"精神的深刻影响。生活在晚清和近代之交的魏源，以"势变道不变"的姿态继承传统湘学"忠君爱国"精神。魏源提出："乾尊坤卑，天地定位……是以君令臣必共，父命子必宗，夫唱妇必从。"② 魏源一方面以敏锐的眼光，看到了鸦片战争前后内忧外患的社会现实，肯定当时的情势已经发生变化；另一方面基于本土文化的优越感和自信心，仍然坚持认为封建道统并没有发生变化；再加上魏源长期居于朝廷要员幕府，作为封建士大夫，他仍然没有走出传统湘学"忠君爱国"的窠臼。

近代中国因为闭关锁国，遭外强欺凌，陷入积贫积弱的文化困境，随着社会主要矛盾的转移和世界历史发展的必然趋势，"图强"精神发展为爱国主义的核心内容。湘学发展到"千年未有之奇变"的近代，作为湘学核心价值取向的"爱国主义"精神，其内涵也发生了微妙变化，从传统湘学的"忠君爱国"观念转向近代湘学的"爱国图强"精神。较早从"天朝上国"迷梦中惊醒的魏源，虽然没有走出传统湘学"忠君爱国"的窠臼，但是他适应近代时局的深刻变化，用"师夷""制夷"等主张开启了近代湘学"爱国图强"的新篇章。在近代，中国文化的发展有一个从"器变"到"道变"的过程。从"忠君爱国"信念到"爱国图强"精神，并不是马上抛弃了延续两千多年的君主理念，而是时代的深刻变革使得"忠君"观念逐渐淡化，"图强"精神越发彰显成为新时代的主旋律。在内忧外患的近代，时局的动荡驱使自称荆楚之南"积感之民"的魏源非常关注国家和民族的安

——

① 石浩. 论近代湘人精神世界的发展趋向 [J]. 南华大学学报，2006（3）.

② 曾乐山. 中西文化和哲学争论史 [M]. 上海：华东师范大学出版社 1987：16.

危。在《海国图志》序言中，他指出："是书何以作？曰为以夷攻夷而作，为以夷款夷而作，为师夷长技以制夷而作。①"他主张学习西方先进的军事技术，来实现富国强兵的目的，"富国强兵"便是魏源爱国图强精神的具体表现。魏源还主张以战国时期纵横家的外交思想来制衡侵略势力，认为可以依靠俄罗斯"陆战之邻"的区位优势，加上美国"水战之援"，通过"以夷制夷"，来达到国家的长治久安。他还推崇西方的政治制度，称"不设君位，惟立官长、贵族等办理国务"，"共推乡官理事"的瑞士为"西土桃花源"。② 他还赞赏三元里抗英的义民，认为人民群众是抵抗侵略、实现国家奋发图强的坚强基石。魏源还在主张学习资本主义国家发展工业的同时，主张多开银矿，增加白银来源；实行屯垦，增加粮食来源。他认为有了工业、国防、银子和粮食，一切问题就都能解决了，中国就能成为一个富强的国家而不被外国侵略。

"爱国图强"精神具有鲜明的时代性，继承和丰富了湘学爱国主义价值取向的内涵，也成为中国近代文化走出困境的深刻的时代主题，激励着无数湘人前赴后继，在近现代谱写了救国救民、为国牺牲的伟大篇章。魏源提出"师夷制夷"以图"富国强兵"之后，以曾国藩为代表的地主阶级改革派主推"洋务兴国"，以谭嗣同为代表的资产阶级维新派力倡"变法图强"，以黄兴为代表的资产阶级革命派主张"辛亥民主革命"，这是近代湘学史上爱国图强运动的三次浪潮，在一定程度上成就了近代湘学的辉煌。在爱国图强精神的激励下，无数湖湘儿女抛头颅洒热血，为中国走出近代屈辱做出了杰出的贡献。在近代中国有"无湘不成军"的说法，被誉为"中兴四大名臣"的曾国藩、左宗棠、胡林

① 魏源. 魏源全集（第四册）·海国图志 [M]. 长沙：岳麓书社，2004：1.

② 魏源. 魏源全集（第六册）·海国图志 [M]. 长沙：岳麓书社，2004：1312.

翼、彭玉麟在经济、政治、军事、文化等诸多方面都颇有建树。有很多湘军将领及其幕僚在当时中国的政治、军事舞台上唱主角，因而有"中兴将相什九湖湘"之说。湘人在近现代史上的突出作用，始于湘军；湖湘人才之盛，始于湘军；洋务运动也是由湘军人物发起和主导的。无数历史与事实表明，爱国是中华民族矢志不渝的坚定信念，图强是中华民族走出近代屈辱走向伟大民族复兴的执着梦想。

四、魏源主张"变易"思想与"经世致用"作风相结合，促进近代湘学理论与实践的新发展，在中国近代化的开启与突围中引领革新浪潮

湘学人物"敢为天下先"，擅长困境突围，主要得益于湘学在治学方法上与时俱进的"变易"思想。这里的治学方法是指湘学人物研究和处理社会问题的思维方法。湘学有一个显著特征，就是历史上当其他地方学问在传承的时候，湘学往往在求变。许多湘学人物既表现出突破成见、兼容并蓄的开放气度，又展露了坚持与时俱进、变革求新的通变精神。不论是南宋时期的湖湘学派还是明清之际的船山学派，都能够根据时局变化进行变革求新。宋朝胡安国、胡宏父子及其弟子张栻倡导形成的湖湘学派，在治学方法上是求变的。王船山传承的同样是义理之学，但是他改变了宋明理学，在变化和创新中自成哲学体系。

鸦片战争以后，西方列强在中国争夺原料市场和进行商品输出的同时，也带来了西方文明的强势输入。作为封建士大夫的魏源，秉持湘学变易思想，主张社会变革。魏源主张社会变革的总体思路是"变古"与"师夷"相结合。魏源反对"好古敏求"路线下脱离实际琐碎的"汉学"，他认为"后世之事"必"胜于三代"，并提出"变古愈尽，便民愈甚"①。魏源认为人类社会一

---

① 魏源. 魏源全集（第十二册）·古微堂内外集 [M]. 长沙：岳麓书社，2004：49.

直处于不断变化之中，在他的眼中，天、地、人、物经过三代以上的发展和变化，会与今日皆不同。因此，他认为，要使清朝摆脱内忧外患的危机，变革求新是当务之急。他作为地主阶级改良派，在肯定"势变"的同时又坚持"道不变"。他认为应该在不动摇封建社会根本制度和不触动封建统治阶级根本利益的条件下来进行变革，主张在政治、经济等方面实行改良，革除一些弊端。他认为要实行变革，"变古"是关键，要突破因循守旧的保守思想的阻碍，改变清初以来形成于乾嘉学派、流行于封建士大夫之间的琐碎空谈且脱离实际的学风，以扭转封建士大夫的保守思想，引导他们的思想从沉迷于训诂考据和醉心功名利禄的泥潭中拔出来，转移到"经世致用""以事实呈实功"的道路上来。他认为越是改革陈旧的弊端，越能够实现政通人和的良好局面，便利广大的人民。魏源在主张"变古"的同时，还提出"师夷""制夷"的思想。他认为"善师四夷者，能制四夷；不善师外夷者，外夷制之……窃其所长，夺其所恃"。当面对清王朝内忧外患，国势日衰的现实，他主张进行多方面的社会改革。在政治方面，魏源赞赏美国四年一换的总统选举制，推崇西方民主制度。在经济上，魏源通过借鉴西方资本主义，提出了一些超越封建制度的主张，如发展工商业，设立军、民两用的机器局和船厂，制造战时用的战船和对外贸易用的商船。此外，魏源还在吏治、水利、盐政等诸多方面提出建议进行改革。总之，魏源力求通过"变古"与"师夷长技"相结合，内修政法和外御夷敌相结合的方式来实现富国强兵之目的。

"变古"和"师夷"是魏源在治学方法方面的主张，突出通变精神；"经世致用"则是魏源在治学态度上的立场，强调实干作风，这些都是魏源思想中最有价值的部分。魏源主张"变古"与"师夷长技"相结合，表现出强烈的"内外求索"的文化担当意识，"变古"主要用于解决内政问题，而"师夷"则是用于解决中西矛盾冲突。在哲学维度上，这体现了魏源在看待事物的发展变化中坚持"内因"与"外因"相结合的哲理化思考。魏源向统治者既表达了"除弊兴利"的变革封建时代内政的要求，又表达了具有近代化特征的向西方学习的时代诉求。魏源一方面复兴"经世致用"的优良作风，另一方面又主张"变古"和"师夷"的通变精神，强调以"通变"引导"实干"，主张不务虚，不空谈。在哲学维度上这就是"思维"和"实践"的关系，要处理好两者的关系，一定要符合时代的要求。湘学人物的"实干"作风在近代表现为困境突围的时代特质，湘人越是身处困境越能发挥其才情，体现其价值。俗话说的"霸得蛮，耐得烦"便是湖南人这种精神特质的生动体现。具体来说，湘学人物"困境突围"的精神气质在近代主要表现在四个方面：一是恢宏大气的本原追求，二是心忧天下的忧患意识，三是舍我其谁的担当精神，四是冲决网罗的抗争气魄。① 从地主阶级改良派的魏源、洋务派的曾国藩，到资产阶级维新派的谭嗣同、革命派的黄兴，等等，一代代湖南人敢于担当，勇于抗争，在近代内忧外患的困境中，不断地探寻救国救民的本原，将忧国忧民的忧患意识化作对国家和民族的责任，这样就形成了近代伟大的湘人奋斗群体。

魏源的"变古"主张，旨在提醒统治者改革弊政；他的"师夷"倡议，是湖南人在近代第一次明确提出"向西方学习"的口号。这些观念，不仅在思维方法上拓展了湘学的"变易"视野，而且在哲理上为湘学的内外求索提供了理论支撑，更促进了湘学在近代实践中不断走向创新。在近代"道与器""知与行""体和用"等一系列问题的探索和选择上，湖南人经常能够独树一帜，追求变革和创新，近代湘学也在这种变革与创新中超越其他学问走向辉煌。在近代湘学的发展演进过程中，走出了一大批敢于开拓的湘籍改革家和革命家。中国近代至少有四次大的社会思想革新运动：洋务运动、维新变法与辛亥革命、五四新文化运动。在这些运动中，都有湖南人奋斗的身影，曾国藩为洋务运动

---

① 郑佳明，等. 宏大湘学 振兴湖南——专家学者纵论湘学及其当代价值（下）[N]. 湖南日报，2013-09-24（第9版）.

的主导者，谭嗣同位列维新变法中"戊戌六君子"之首，黄兴是辛亥革命的先驱和领袖，匡互生"火烧赵家楼"的一把火点燃了五四新文化运动的激情。思想运动一浪高过一浪，经过这四次大的社会思想革新运动，中国近代文化完成了从"势变"到"道变"的过程，逐渐向现当代文化过渡。

"一本湘人奋斗篇，半部中国近代史"①，魏源拉开了近代湘人奋斗这一伟大篇章的精彩序幕。魏源放眼世界，复兴和发展经世致用思想，主张改革内政和学习西方，饱含爱国热情，表达图强之志。他作为地主阶级改良派，以"创臻辟莽、前驱先路"的精神，进行艰苦而卓越的思想文化探索。近代之初几乎所有的社会思潮，都集中于他一身。魏源既是传统湘学的优秀继承者，又是近代湘学转型和发展的先驱，在学术视野、精神特质、价值取向和治学方法等方面影响近代湘学的发展，促进中国近代化的开启，引导和激励近代湘学人物为中国近代化突围做出杰出贡献并成就湘学辉煌。正如梁启超所说："其论实支配百年来之人心，直至今日，犹未脱离净尽。②"时至今日，魏源诗文中所彰显的深邃思想和湘学精神早已积淀为中华民族精神的一部分，成为涵养社会主义核心价值观的文化基因，成为激励无数中华儿女在"中国梦"民族复兴道路上改革创新、开拓进取的力量之源。

第二节　魏源诗文的异域品格与近代
爱国主义主题的拓展

就魏源的诗歌创作来说，魏源传世诗歌有九百首左右，其中大部分诗歌体现出魏源真挚的爱国主义情怀。鸦片战争爆发后，

---

① 王伟光. 崇实重行 宏大湘学 [N]. 光明日报, 2013-5-30（第 11版）.

② 梁启超. 中国近三百年学术史 [M]. 上海：三联书店, 2006: 156.

168

魏源逐渐脱离以"忠君卫道"为思想核心的传统爱国主义,将"富国强兵"作为自己的追求目标,过渡成为一种近代爱国主义思想,具有鲜明的时代特征且影响深远。鸦片战争以前,清朝统治者长期以"天朝上国"的身份自居,推行闭关锁国政策,将异国统统视为"蛮夷之邦"。鸦片战争爆发后,中国战败,作为当时杰出的思想家与改革家,极富远见的魏源在外敌侵略面前仍然保持着清醒的头脑。一方面,他坚决反对侵略;另一方面,他也敢于承认自己的落后,积极去了解并学习西方的先进思想、技术,积极探寻抵抗外国侵略者与实现国家强盛的道路,其爱国主义思想在此期间也在不断地升华。魏源的爱国主义思想是近代中西方文化交流融合下的产物,一方面,它继承并发展了中国传统爱国主义思想的精髓;另一方面,突破了传统爱国思想中的局限,做出了大胆的开拓。魏源传世诗歌有九百余首,大部分是山水诗,表现了诗人乐山爱水的爱国主义情怀;也有不少异域题材诗歌,这些诗歌开拓了魏源诗文的爱国主义主题的内涵。

一、魏源对传统爱国主义思想的传承

在国内,学术界从未中断对魏源爱国主义思想的研究。随着对魏源爱国主义思想的深入研究,近年来,研究者将目光投入到魏源爱国主义思想的内涵。有学者对魏源爱国主义思想形成的背景和原因进行分析,认为魏源爱国主义思想来源于中国儒家传统的爱国主义思想,王宏在《魏源行政伦理思想研究》中提出,魏源从小就学习孔孟儒家思想,其大部分著作也旨在宣扬儒家思想;也有学者认为,近代中国社会发生的剧烈变化,促成了魏源爱国主义思想的不断转变,徐玉珍在《鸦片战争前后的爱国主义思想论述》中提出,以鸦片战争为界,以魏源为首的一批爱国学者的爱国主义思想内涵发生了巨大的转变;也有学者分析了魏源的相关著作,总结出其爱国主义思想内涵,王玮在其《简论魏源论著中的爱国主义思想》中,着重论述了魏源的两部著作《海国图志》及《圣武记》中所体现的爱国主义思想。魏源不仅是一位著名的政治家、改革家，也是一位杰出的诗人，其诗歌创作表现出一种强烈真挚的爱国主义情怀。

（一）"忠君卫道"传统爱国主义思想的形成

魏源的家族具有极强的进取精神。一是体现在积累了雄厚的财产，尤其是到魏源的曾祖父时，家族财力空前雄厚。1803年，邵阳遭遇饥荒，魏源祖父孝立公鉴于"有司责赋急，合县惊骚"，于是"慨然赴县，毁产代输，邑众以安"。① 其家产可抵一邑的赋税，由此可见家底之厚。一是体现在努力培养后代子孙，帮助他们踏入仕途。据相关文献记载，魏源的直系亲属中，伯祖中有一名昭武大夫，四名太学生；伯叔中有十四名太学生；同辈堂兄弟中有六名太学生，由此可见其家族每一代人都有功名在身，其家族也成了科举世家。

在这样的家庭氛围影响之下，魏源从小就受到封建伦理道德规范的约束。由于家教谨严，加之自己勤奋好学，魏源的学业进步非常快。他的父亲也常常以考取功名、光耀门楣来教诲他，魏源自然受教极深，因此学习就更加刻苦，希望能够考取功名，踏入仕途。魏源七岁就进入私塾读书；九岁参加了童子试；二十岁为拔贡；嘉庆二十四年，二十六岁的魏源考中了顺天乡试副贡生；道光二年，二十九岁的魏源中了顺天乡试举人第二名；但是非常可惜，道光六年、九年的两次会试魏源均未及第，道光二十四年，五十一岁的魏源才中了礼部会试。

魏源殷实的家境为他的读书学习提供了坚实的物质基础，其家族的积极进取精神，则促成了他参加科举获取功名的思想，这也对他忠君卫道思想的形成产生了深远的影响。

魏源出生的年代，正值清政府内忧外患之际，国内吏治腐败，民生凋敝，国外还面临西方英、法等国的觊觎，以及来自北方俄罗斯的窥伺。青年时期的魏源就将眼光投入到祖国的边防事业，他将自己学习到的历史知识与汇集的山脉关隘形势相结合，

---

① 李瑚. 魏源研究［M］. 朝华出版社，2002：327.

积极参与到边疆防务的筹划中。

1822 年（道光二年），二十九岁的魏源在北京顺天府第三次参加乡试，考中了举人的第二名，俗称"南元"。为了筹备道光三年的会试，魏源直接留在了京城，时常与汤鹏、姚莹、张际亮、宗稷辰等兴趣相投的好友进行文学上的切磋交流，并且一同对时务进行分析探讨，关心国家大事。不久收到直隶提督杨芳的来信，邀请魏源为自己的儿子杨承注授课，魏源于是同自己的好友邓传密前往杨芳驻地古北口，直到道光三年初冬。在此期间，魏源一边教导杨氏子弟，一边考察西北的山川关隘形势，"访求古代之遗迹，山川之形势，关隘之险要"，作下《居庸关三首》《山海关》等诗篇。

随着西方列强将入侵的目光投向海道，魏源"筹边"的重心也由西北边疆地区转变为东南沿海地区，同时他也时刻警惕着来自西北边疆的威胁。鸦片战争期间，魏源呕心沥血创作出《圣武记》《筹海篇》《海国图志》，为抵御西方列强入侵提出了许多切实有效的方针。这一阶段魏源"筹海"的思想，是建立在前期西北"筹边"的基础之上的。

在鸦片战争结束后的 1844 年，魏源对自己前半生的"读史筹边"进行了回顾与总结，并创作出名篇《居庸关》，其中写道："读史筹边二十年，撑胸影子是山川。①"这里作者直接表明自己"读史筹边"是为了祖国领土与主权的早日完整与统一，体现出作者心系天下、大公无私的忧国情怀。"梦回汉使旄头外，心在秦时明月先。"诗人目睹了清政府的腐败无能，以及来自外国列强的侵略，再回想起实力强大、异邦纷纷称臣的秦皇汉武时期，心中便升起无尽的神往，希望祖国也能够重铸当年的辉煌。

魏源"读史筹边"，并不是同众多空知"呻吟"、手无缚鸡之力的文人一样，他注重实务。由于他喜好交友，与他联系紧密的

---

① 魏源. 魏源全集（第十二册）·古微堂诗集［M］. 长沙：岳麓书社，2004：703.

军方将领也非常多。他曾先后两次亲赴前线，参加抗英战争。第一次是在1840年（道光二十年）秋，英国侵略者借故发动了鸦片战争，这也直接打乱了魏源的著述和佐政生活，他将目光直接投入到这场关乎民族存亡的反抗外国侵略的战争中。同年八月，钦差大臣兼两广总督伊里布视察宁波，当时侵华英国军官安突德在侵扰浙江时被擒获，魏源受军中的旧友黄冕相邀，亲自前往军营审讯安突德，"为友人邀至军中，亲询英俘安突德"①，根据审讯的内容编写了《英吉利小记》一文，并将其收录在著作《海国图志》中，这也是中国第一部系统地介绍英国情况的著作。另外一次则是在1841年（道光二十一年），清廷因伊里布怯战直接撤免了他的官职，转而任命裕谦为两广总督，兼钦差大臣，负责浙江的攻剿事宜，魏源此时在林则徐的推荐下延至其幕府，直接参与了这次抗英战争。在定海战役中，魏源向裕谦提出"坚壁清海"的防守建议，但是未得到采纳，定海失守后，英军也乘势攻下了镇海，裕谦投海自尽，对清军心灰意冷的魏源愤然辞归扬州，在归途中有感而发，创作出著名诗篇《自定海归扬州舟中》，其一曰："到此便筹归，应知与愿违。狼烟横岛娇，鬼火接旌旗。猾虏云翻复，骄兵气指挥。战和谁定算，回首钓鱼矶。②"在这首诗中，作者目睹了英国侵略者的反复无常、清廷的和战不定、清军内部的将怯兵骄，内心感到无比的失望，对清政府政治腐败、军队糜烂的现状深恶痛绝，同时为自己报国无门而无比忧愤。

同年六月，魏源听闻抗英有功反被革职查办的林则徐即将被发配新疆伊犁赎罪，于是他从扬州出发，亲自赶赴镇江为林则徐送行。林则徐赠予魏源《四洲志》译稿，并嘱托他完成《海国图志》的编写。友人分离之际，魏源作下了著名诗篇《江口晤林少

---

① 魏源. 海国图志 [M]. 长沙：岳麓书社，1998：29.
② 魏源. 魏源全集（第十二册）·古微堂诗集[M]. 长沙：岳麓书社，2004：662.

穆制府》，诗中其一写道："方术三年艾，河山两戒图。①"这一句话的意思是要做好充足的准备去应对列强入侵，对祖国南北两界的敌人都需要提防，并做好两处的防务。这里体现了魏源忧国忧民的情怀。

魏源"读史筹边"近二十年，并且先后两次亲身参与到抗英战争中，无一不体现出他对国家衰败、民族危亡、人民疾苦的深切关怀。但是由于魏源从小生长的家庭环境以及所处的独特时代背景，作为地主阶级知识分子的他长期受传统"君臣观"的影响，这一时期的爱国主义思想和实践的根本目的是维护封建统治地位，为封建统治阶级服务，仍然是以"忠君爱国"为主要思想内涵的传统爱国主义。

（二）对传统儒家思想中爱国主义思想的继承与阐发

魏源从小接触的便是孔孟儒家道德思想，由于长期受传统思想的影响，他的思想仍然是以传统思想为主线。他的大部分著述也旨在阐释儒家正统思想，用来弘扬"千圣之主传，六经之纲领也"，在他大部分用来宣扬儒家常说的著作中，展现了中国儒家两千多年的发展历程与思想源流。对于儒家关于"内圣外王"思想对国家安定、社会进步所起到的积极促进作用，魏源给予了高度评价。

因此，长期在中国传统文化中占据主导地位的儒家文化逐渐内化到了魏源的心里。就拿魏源的"师夷长技以制夷"这一主张来说，魏源虽然主张学习西方的先进科学技术，但是对于超出西技西艺范围之外的西学，魏源是坚决反对的。他在《都中吟》十三章其四中写道："船炮何不师夷技？惟恐工费须倍蓰。江海何不严烟禁？惟恐禁严激边衅。②"反映了清廷统治者鼠目寸光，只顾一时之利而拒绝引进学习西方先进科学技术；体现了清政府懦弱无能，面对西方的鸦片贸易而不敢大力打压。后文写到"或

---

①② 魏源. 魏源全集（第十二册）·古微堂诗集［M］. 长沙：岳麓书社，2004：662、577.

云弥夷佛夷鄂夷辈，思效回纥之助唐。或云诸国狼狈叵测可不防，使我议款议战议守无一臧"①，则揭示了清政府由于长期实行闭关锁国政策，造成了对国外诸国的情况一无所知的窘迫局面。在结尾他也提到"夷情夷技及夷图，万里指掌米沙如。知己知彼兵家策，何人职司典属国"②，主张政府设置专门收集外国情况的机构，选用专门人才，从而"知己知彼"。

并且，在他的著作《海国图志》中，魏源提出"师夷长技以制夷"的思想主张。在军事上具体体现为学习西方先进的练兵方法，引进西方先进的军事武器如火器、战舰，然后在本国国力的基础之上，融合国外先进技术，从而实现抵御列强入侵、保卫国土的目的。魏源向世人宣扬"师夷"的思想主张，是因为他对于西方的认识太过于浅薄，没有认识到西方强盛的真正原因。因此他也只是提出学习西方的先进技术来达到抵抗侵略者的目的，停留在"中体西用"的层面。魏源学习西方技术的基本限度是不能够侵犯中国传统文化的正统地位，而向西方学习的根本目的还是为了拥护"大一统"，从而使"先王之道"得以留存下来，这也导致魏源并没有从源头上解决问题。魏源认为，"道"所代表的封建道德伦理思想与封建制度是不可侵犯与改变的，这也造成其爱国主义思想与实践具有浓烈的封建主义色彩。

二、魏源对于传统爱国主义思想的发展

（一）爱国主义途径探索——"经世致用"

湖湘文化源远流长，在宋朝以前，就地理位置而言，湖南过于封闭，被外界认为是蛮夷之地。因此，遭贬谪流放的文官大多聚集于此，这些被放逐的知识分子远离朝堂，与中原文风相背离，因此保留着相对的独立性，不少文人在自己的诗文作品中寄托了忧国忧民的情怀。但是湖湘文化也并没有抛弃"躬行实践"

①② 魏源. 魏源全集（第十二册）·古微堂诗集[M]. 长沙：岳麓书社，2004：577.

和"经世致用"的理学传统，其文化重心是人本观、天下观至上的思想，这也影响了魏源经世思想的形成，作用极其显著。魏源生长在湖南，也接受了湖湘文化的教育，从小深受经世之学的熏陶，经世致用的思潮在魏源身上得到了具体体现。在中国哲学中，"内圣外王"被看作理想人格的最高标准，这也成了中国知识分子的政治哲学和处世思想的最高追求，使得中国一代代的知识分子前赴后继，为之献身。湖湘文化中的"经世致用"思想其目的是救世济民、富国强兵，这也是"内圣外王"的直接体现。魏源对于"经世致用"的学风以及"内圣外王"的人格境界是极其认同的。随着西方列强入侵，国家处于生死存亡之际，魏源结合了湖湘文化中的"经世致用"思想，并在此基础上注入了新的时代因素，形成一种新的思想体系。就以魏源的政治和社会改革主张而言，明显可以看出其"实用实干"的鲜明特点和对于"经世致用"思想的强调。

在鸦片战争爆发之前，魏源就在总结国家衰微的原因，作为地主阶级的先进知识分子，他目睹了清王朝的腐朽统治，认为国家衰败的总祸根就出在无能虚伪的上层官僚身上，他们所推行的一些误国误民的弊政直接造成了东南地区的民生凋敝。他通过诗歌创作对无能腐败的清廷官吏进行了猛烈抨击，如《秋兴》十一首之三："大漏卮兼小漏卮，宣防市舶两倾脂。每逢筹运筹边日，正是攘琛攘赆时。"① 诗歌中作者把无能腐败的官吏比喻成贪婪的蛀虫，能力欠缺，对于国家财产却大加吞噬，中饱私囊，贪得无厌，清廷内部有这样的官吏存在，怎会不导致国家衰败？除此之外，如《江南吟》十首，其三曰："防桃汛，防伏汛，防秋汛，与水争堤若争命，霜降安澜万人庆。两河岁修五百万，纵不溃堤度支病。试问东汉至唐亦漕汴，何以千岁无河患？试问乾隆以前

① 魏源. 魏源全集（第十二册）·古微堂诗集[M]. 长沙：岳麓书社，2004：684.

亦治河，何以岁费不闻百万过？①”在诗歌中作者揭露了清政府的弊政，一味地加高堤防，只起到暂时的防河作用，并不能根本治理东南地区的水害问题，反而造成了劳民伤财的负面影响。同时也怒斥了贪官污吏中饱私囊，贪污公款，对于他们的无耻行径表示深恶痛绝。“沙昏昏，波浩浩。河伯娶妇，河宗献宝。桃花浪至鲤鱼好，酒地花天不知老。板筑许许，鼍鼓逢逢。隆堤如天，束水如墉。不闻治河策，但奏防河功，合向羽渊师黄熊。②”这里作者讽刺了那些只知阿谀奉承、虚报政绩以求上位，而不脚踏实地为人民根除民生问题的庸官。又有《都中吟》十三章中其二：“吏兵例，户工例，茧丝牛毛工会计，全恃舞文刀笔吏。河槽奏销尤巨利，一准一驳百万费。缺可补，可不补，级可去，可不去，翻手覆手敢予侮，能令公喜令公怒。何况捐房与库吏，宝玉大弓频脾脱。府史胥徒非世业，谁道尽握六官法。若言部青不可捐，何故刑部青无权！任法任人孰操券，请看汲黯张汤传。③”在这首诗中作者揭露出清廷“吏、利、例”三位一体的弊病，官吏的唯利是图，直接造成了封建统治集团内部的腐败。

魏源早已发现充斥在官场上的，尽是一些虚伪狡猾、贪得无厌的无能胥吏，而像林则徐、包世臣这样的能官良吏则是寥寥无几。魏源对此感到深深的忧虑，认为国家急切需要能够经世致用的人才，这是国家富强的根本所在。魏源指出造成国家人才缺乏的最根本原因就是以八股文章取士的封建科举制度。就魏源个人而言，魏源以文章闻世，每次试卷答题文采极高，见识卓远，却遭主考官扼杀，多次落第。道光二十四年（1844年），五十一岁的魏源入京城参加礼部考试，本来考中进士的第十九名，却因为试卷上有涂抹痕迹，因此被罚停殿试一年。次年，魏源参加殿试中第三名，被赐进士出身，但只是在扬州府东台县任一个芝麻小官。饱读诗书、雄才大略的魏源入仕后，试图一展抱负，官至知

①②③　魏源. 魏源全集（第十二册）·古微堂诗集［M］. 长沙：岳麓书社，2004：573、573、576.

州，但在咸丰三年（1853年）与小人交恶，遭人弹劾后被朝廷革了官，仕途失意的魏源对清王朝感到彻底失望，对于将人生中大好光阴虚耗在无用的八股文考试上，感到心灰意冷、追悔莫及。除了魏源之外，还有如龚自珍、汪辉祖等治世能才，都在小楷书、八韵诗上耗费了大好的人生光阴，由此可见封建腐朽的八股取士科举制度对当时的人才无情的扼杀。魏源在他的诗作中也表达了对封建科举制度的愤慨，如《都中吟》十三章其一写道："小楷书，八韵诗，青紫拾芥惊童儿。书小楷，诗八韵，将相文武此中进。八扇天门诀荡开，玉皇亲手策群材。胪唱喧传云五色，董晁花样毛锥来。从此掌丝纶，从此驰鞱铎。官不翰林不谥文，官不翰林不入阁。从此考枢密，从此列谏官，尽凭针管绣鸳鸯。借问枢密职何事，佐上运筹议国计。借问谏臣职何秉，上规主缺下民隐。雕虫竟可屠龙共，谁道所养非所用！屠龙技竟雕虫仿，谁道所用非所养！君不见，前朝待诏翰林院，书画琴棋艺原贱，工执艺事可进谏。差胜手搏可方面，差胜琵琶可封王，斗鸡可乘传。铨部竹签且得材，润色承平况文绚。昨日大河决金堤，遣使合工桃浪诗。昨日楼船防海口，推毂先推写橄手。①"又有其三写道："数开科，数开捐。开科遴材为得士，开捐输粟为助边。借问开科得何士，项槁盐车悲骎騠。宋代得一张齐贤，一榜赐第方能尔。借问开捐何所润，中外度支财益罄。槽盐河兵四大计，漏卮孰塞源孰盛！开科开捐两无益，何不大开直言之科筹国计，再开边材之科练边事？市骨招骏人才出，纵不拔十得五终得一。②"魏源在诗歌中敢于抨击科举制度的弊端，揭露封建科举制度对国家人才选拔的严重危害，表现出他对黑暗社会现实的失望与愤慨。除此之外，魏源认为国家人才缺失的一个重要原因是统治阶层对人才不重视，反而滥用一些只会溜须拍马、阿谀奉承的无能之辈。他在《寰海后》十首其一中写道："争战争和各党

---

①② 魏源. 魏源全集（第十二册）·古微堂诗集[M]. 长沙：岳麓书社，2004：576.

魁，忽盟忽叛若棋枚。浪攻浪款何如守！筹饷筹兵贵用才。①"在这首诗中作者明确地指出，国家人才匮乏，真正的人才得不到重用，而一些无能之辈却身居高位，这也正是国家走向衰败的原因。

魏源在思考社会问题时往往立足于"经世致用"原则，在他的相关改革思想中，如用商船运送漕粮、主张创办民用工业、策划经济改革，等等，这些都是魏源想用商人的方法来解决财政上的问题，从而消除政治危机的现实主义思想倾向。除此之外，魏源积极参与政事，就他提出的"师夷长技以制夷"思想来说，他主张向西方学习先进的科学技术，但是师夷长技的直接目的还是抵抗西方列强的侵略，从而战胜之。总结了鸦片战争失败的经验，魏源站在时代的角度为国家探寻出一条自强求富的道路，为了更好地了解并学习西方先进科学技术，注重实践的魏源决定亲赴澳门、香港进行实地考察。由于澳门早先就被葡萄牙占据，香港也因《南京条约》的签订而被英国侵略者统治，所以魏源这次的澳门、香港之行值得我们关注。1847 年（道光二十七年）春，五十四岁的魏源从扬州出发，由南京溯江而上，途经七大省份，这也是魏源生平耗时最长、路程最远的一次旅行。在抵达广东后，魏源专程乘船渡海到了澳门、香港，并进行了一次短暂的考察，在此期间，创作出《澳门花园听夷女洋琴歌》《香港岛观海市歌》等诗歌名篇。作者在澳门游玩期间，受花园主人相邀，听闻夷女弹奏洋琴，有感而发，于是创作了《澳门花园听夷女洋琴歌》。表面上是作者应邀所作，实际上在诗中寄托了作者无限的爱国之情。魏源在诗序中写道："澳门自明中叶为西洋市埠，园亭楼阁，如游海外。怪石古木，珍禽上下，多海外种。其樊禽之所，网其上以铜丝，纵横十丈，高五丈。其中池沼树木，飞浴啄息，空旷自如，忘其在樊也。园主人曰委理多，葡萄亚国人。好

---

① 魏源.魏源全集（第十二册）·古微堂诗集[M].长沙：岳麓书社，2004：682.

客，延登其楼，有洋琴如半几，架以铜丝，请其鼓，则辞不能。俄入内，出其室，按谱鼓之，手足应节，音调妍妙，与禽声、海涛声隐隐应和。鼓罢复出其二子，长者九岁，冰肌雪肤，瞳剪秋水，中原未之见也。主人闻予能文，乞留数句，喃喃诵之，大喜。赠洋画而别。①"这里交代了作者创作的背景，澳门本来是中国的领土，但从明中叶开始就沦为了西洋的市埠，如今华人到此地游历，恍然置身于国外。后文写"禽在樊中"却"忘其在樊"，表达了作者对领土被异国占领的感慨。作者在正文中写道："墙中禽作百蛮语，楼上人通百鸟语。鸟声即作琴声谱，自言传自龙宫女。②"这里作者记叙了澳门在葡萄牙统治下社会生活各方面开始西洋化的场景，其中的"百蛮语""百鸟语"则是喻指西方各国语言。后文继续讲述了听闻夷女弹奏洋琴的所见所感，诗曰："故将儿女幽窗态，写出天风海浪寒，似诉去国万里关山难。③"西洋琴女背井离乡、远渡重洋，引发了作者无限的感慨，由此联想到如今踏在澳门这块国土上的国民，虽然身在国土，却宛若异国，内心感到十分苦涩。"倏然风利帆归岛，鸟啼花放墙声浩。触碎珊瑚拉瑟声，龙王乱撒珍珠宝。"④在这里作者回想到鸦片战争中投降派贪生怕死、卖国求荣的无耻行径，内心无比愤懑。"有时变节非丝竹，忽又无声任剥啄。雨雨风风海上来，萧萧落落灯前簌。突并千声归一声，关山一雁寥天独。"伴随着琴声悠扬，作者的思绪也被拉回到五年前的鸦片战争，清政府被迫与英国侵略者签订了《南京条约》，致使国家主权与领土分裂。看到祖国的衰弱，对比西方的强盛，作者感到深深的痛心。结尾作者写道："呜呼！谁言隔海九万里，同此海天云月耳。"

过去的海国只能出现在国人的缥缈梦境中，如今在葡萄牙统治下的澳门，已让国人切身实际地感受到了这一光景。"呜呼，人生几度三千纪，海风吹人人老矣。""海风吹人人老矣"，这里

---

①②③④　魏源.魏源全集（第十二册）·古微堂诗集[M].长沙：岳麓书社，2004：630.

作者指出外国侵略者仍在窥伺我国国土，并且随时都会卷土重来，我们需要时刻警惕来自他们的威胁。

另一首诗歌《香港岛观海市歌》，则与《澳门花园听夷女洋琴歌》不同，作者在诗中没有直接记叙在香港的所见所闻，而是在离开香港途中，忽然看到海市蜃楼，有感而发。但是，我们可以看出，作者诗中所描绘的海市蜃楼折射了他在香港所看到的现实境况，诗歌中的一系列想象也与他现实中的所见所感相关联。先来看这首诗歌的序："香港岛在广东香山县南绿水洋中，诸屿环峙，藏风宜泊，故英夷雄踞之。"作者开头就交代了英国窃居香港，为国土丧失而感到无比痛心，"予渡海往观，次晨，甫出港，而海中忽涌出数山，回顾香港各岛，则锐者圆，卑者矗，尽失故形，若与新出诸山错峙"①，这里作者介绍了香港在英国占领下发生的种种改变，如澳门一样逐渐西洋化。随后才交代所看到的海市蜃楼景象，而且海市蜃楼也是在作者刚刚出港就看到它盘踞在香港岛的上空，我们不否认作者见到了真正的海市蜃楼，但是作者在诗中对海市蜃楼的描写极其细腻逼真，如"未几，山渐离水，横于空际，交驰互鹜，渐失嵘锷"②，这是一般的海市蜃楼所无法呈现的，所以作者在诗歌中对海市蜃楼的描写与他在香港岛的所见所闻必定存在密切的关系。况且，作者在最后发出"扩我奇怀，醒我尘梦"③的感慨，若是没有作者在生活中的真切感受作基础，仅凭虚无的海市蜃楼是无法让作者有这样的观感的。所以，这首诗歌是作者结合自己在香港的经历，运用丰富的想象，以海市蜃楼的形式呈现出来。再来看诗歌，其中写道："山邪云，城邪人，胡为兮可望不可亲？岂蓬莱宫阙，秦、汉所不得见，而忽离立于海滨。④"作者首先就交代了自己此次香港之行，所见之物前所未见。"商市罢，农市陈。农市散，军市屯。渔樵耕馌春树帘，画本掩映千百皴。旗奔车骑败狩闻，蛮君鬼伯

①②③④　魏源. 魏源全集（第十二册）·古微堂诗集[M]. 长沙：岳麓书社，2004：631.

甲胄绅。合围列队肃不喧，但有指麾无号令，招之不语挥不嗔。"① 在这里，作者一方面写出了英国侵略者侵占香港期间的暴力统治，另一方面对其出色的军队指挥能力表示惊叹，同时借助海市蜃楼中商市的描述，反映出了香港地区的繁荣昌盛。"吁嗟乎！世间之事无不有，世间之物无不朽。"②作者在目睹海市蜃楼被海风吹荡消亡殆尽后，心生感慨，认为世间万物无奇不有，海市蜃楼是否存在也无法证实。但是，在当今变幻莫测的国际形势下，衰弱的祖国仍要时刻提防来自侵略者的虎视眈眈。

魏源通过此次澳门、香港之行，以开放的眼光去了解并借鉴学习西方的先进理念及科学技术，同时也更好地吸取了鸦片战争的失败经验，发愤图强，为谋求祖国的富强而奋斗。魏源因急于摆脱因国家贫弱而造成的民族自卑心理，所以对于西方的学习体现出极强的功利性，尽管他对于西方的学习还是停留在器物层面，但也是"经世致用"思想在近代的逻辑上的一种演变，体现出魏源真挚的爱国主义情怀。

(二) 爱国主义宗旨求索——"富国强兵"

魏源的爱国主义思想既反映了魏源独特的思想体系，同时也是他那个时代所迫切需要的。魏源所提出的"向西方学习"的新思想，在当时那个时代无疑掀起了惊涛骇浪，引起了一场思想界的巨变，具有鲜明的时代特征。

魏源的爱国主义思想建立在其忧国忧民的危机意识基础之上。他通过诗歌作品描述了社会危机的深重，揭露并批判了黑暗腐朽的政治制度、腐败不堪的官僚体系、空虚无用的学术风气，从而论证社会改革的必要性和紧迫性。他满怀忧愤用诗文创作来宣扬自己的主张，希望能够惊醒沉浸于"天朝上国"美梦的国民，他主张向西方学习，提出"师夷长技以制夷"，开启了近代中国向西方学习从而寻求救国之理的风气。在当时愚昧的封建统

---

①② 魏源. 魏源全集（第十二册）·古微堂诗集[M]. 长沙：岳麓书社，2004：631.

181

治下，这一点是极其可贵的。尤其是让中国放下"天朝上国"的架子，打破由于处于长期封闭状态而形成的愚昧偏见和排外思想，敢于承认西方制度比中国先进，向西方学习先进的科学技术，而同时又要抵抗外国侵略，实现国家富强。对于中国而言，在遭受外强入侵，进行正义反抗的情况下，要承认自己的落后，这对于当时的统治者和思想者而言无疑是一个极其困难的。

除此之外，魏源的"经世致用"思想也体现出鲜明的时代特征。他强调解决现实问题，呕心沥血去探寻抵御外强、富国强兵的道路，他认为要想抵抗外侮，中国必先自强，他主张改革水利、盐政、漕运，发展军事力量，并通过自己的相关著作，如《湖北水利论》《筹漕篇》等，向当权者进献计策。魏源勇敢地迈出了探求外部世界的第一步，积极去认识和了解西方的制度和文化，学习西方的先进科学技术，成为中国近代开始向西方学习的标志，因此魏源在中国近代史上占据着举足轻重的地位，其思想主张蕴含了深刻的时代认识和鲜明的时代特征。

魏源作为当时士大夫中少有的眼界长远的人，尽管其思想保留着浓厚的封建纲常伦理色彩，但是也具有鲜明的时代改革的印记。作为地主阶级先进知识分子代表的魏源，在统治阶层腐败不堪、外敌入侵、国家危亡之际，挺身而出，针砭时弊，通过自己的诗歌作品提出了许多利国利民的思想主张，从他的诗歌中我们可以感受到魏源强烈的爱国主义思想，以及一代仁人志士为探寻民族独立、国家富强而向西方学习的伟大实践。尽管独特的时代背景局限了魏源的爱国主义思想，作为地主阶级政治思想家代表的魏源，其思想不可能超越"道"的限制，也不可能从根本上触犯清朝的封建统治制度，本质上仍然是为封建统治服务，无法真正为国家探寻出一条富国强兵的道路，但是魏源能够从"忠君爱国"的传统爱国主义过渡到"富国强兵"的近代爱国主义，积极关心国家命运，这在当时对于富强国家、抵御外侮具有积极的作用，具有鲜明的时代特色，体现出了他真挚的爱国情怀。因此，对于魏源爱国主义思想的时代价值和历史地位，我们应当给予客观的评价，对于其中有益的成分，我们可以加以提炼并吸收，为我国爱国主义思想建设提供借鉴和启迪，为我国社会主义现代化建设提供强大的精神动力。

第三节 魏源诗文的异域品格及其文化价值①

魏源诗文具有鲜明的异域品格，在这些诗文中寄寓了作者在中国近代中西文化交流中的文化探索与文化担当精神，魏源诗文中的"他者"形象，促使中国近代中西文化交流中启蒙与救亡思想的觉醒。作为西学东渐语境中的核心人物，魏源诗文中的异域品格使得他的思想在中西文化交流中具有重要的价值与意义。魏源站在经世致用的文化立场，提出了"变古愈甚，便民愈甚""师夷长技以制夷""势变道不变"等思想观念，在中国近代中西文化对话语境中具有重要的价值与意义。

一、"经世致用"论与文化对话参与观

中外文化对话古已有之，从魏晋佛学传入到近现代西学东渐，中外文化对话有近2000年的历史，在这漫长的文化交流与对话史中，充满了矛盾和碰撞。作为文化主体的中国知识分子，一方面抱着"求新声于异邦"（鲁迅《文学偏至论》）的文化宽容心态；另一方面又坚守着中国传统儒学的重实际重人道的立场，保持着高度的民族文化自尊感和自信心，从而来了解、掌握、融合并最终超越异质文化。一代又一代的中国知识分子在中外文化的对话中进行了深入的甚至是痛苦的理性思考。特别是近代以来在中国文化处于弱势地位（曾乐山《中西文化与哲学争论史》绪论中指出："中国古代文化，在明代后期以前它与各国文化相比，

---

① 姚武.论魏源思想在中西文化对话中的文化意义［J］.邵阳学院学报，2005（1）.

一直处于领先地位，只是到了明代后期以后，由于中国封建社会的停滞不前和日益腐朽，中国文化才失去光彩而显得落后。")的中西文化对话语境中，在"内忧外患"的社会危机和文化危机到来之时，中国近代的知识分子更是进行了卓越的富有指导性、创造性的文化探索。我国近代思想先驱魏源就是其中杰出的代表。他曾经自称"荆楚之南"的一个"积感之民"，是一个生活在中国近代由封建社会向半殖民地半封建社会转变的历史关头的"积感之民"，也是一个生活在西方资本主义文化伴随着殖民者的坚船利炮破除清王朝"闭关锁国"防线而大量涌入中国之时的"积感之民"。作为地主阶级改良派，他的改良思想，可以说正是为这种"内忧外患"的社会危机和文化危机的"积感"所发。他在他自己所编撰的《海国图志》《圣武记》《皇朝经世文编》及他所创作的诗文中提供了"经世致用""变古"与"师夷长技""势变道不变"等思想观念，对后世中西文化交汇愈深的文化对话语境中的有关问题有着"新的原则指导意义"，从而具有深刻的文化意义。①

　　魏源与龚自珍一起，努力在社会上倡导一种"经世致用"——关怀国事民疾，积极参与社会政治生活的人生态度和治学作风。魏源指出必须"以实事求实功，以实功从实事"（《海国图志·叙》），用重视和联系社会实际的态度来治学办事，来救国救民。因而，他反对远离现实生活的琐碎主义的"汉学"，同时也痛斥脱离现实空谈性理的"宋学"。魏源跟从刘逢禄学习《公羊春秋》，主要目的在于利用公羊学的"三世""三统"这一进化的历史观和它的"微言大义"来"受命改制，经世匡时"，干预时政，实现富国强兵的愿望。他的学术名著《海国图志》《圣武记》及他创作的诗文都基于"经世致用"这一指导思想。②

---

　　①　李泽厚. 中国近代思想史论［M］，北京：人民出版社，1979.
　　②　郭延礼. 中国近代文学发展史［M］. 北京：高等教育出版社，2001：79.

"经世致用"的治学态度并非魏源最先提出，明末清初的思想家顾炎武、阎若璩等人针对当时日益衰败的文化危机开创了"好古敏求""经世致用"的汉学路线，企图通过对儒家经典的重新诠释，发展中国文化精髓，重建中国文化的新体系。① 然而随着时代的发展社会现实发生了很大变化，魏源所处的社会现实是：西方资产阶级侵略者以大炮摧毁中国封建王朝闭关锁国、盲目排外的防线，西方文化随着西方资本主义势力大举侵入而大量涌入中国。近代的中国一方面逐渐陷入西方列强政治、经济、军事入侵的社会危机中，另一方面又面临着西方资本主义文化大量流入的中西文化对话语境中的"文化危机"。然而，历史发展和逻辑认识必然经过从国家的复兴到文化的复兴这一先后过程。因而，魏源、龚自珍的"经世致用"的治学态度首先解决的是国家和民族的复兴问题。而此时的"经世致用"的态度已不可避免地置于中西文化对话的语境中，而且是前所未有的中国传统文化处于弱势地位的文化对话语境，在全新的文化对话语境中，"经世致用"论已不仅仅与顾炎武等人首倡之"经世致用"论相承继，而且在文化的视角中具有的新的原则指导意义，为中国近现代知识分子在中西文化对话中所采取的文化对话参与态度提供了有利借鉴，从而衍生出新的时代背景下的"经世致用"的文化对话参与观。

　　"经世致用"的文化对话参与观，不仅体现了儒家文化传统重实际重人道的文化特征，形成沟通本土文化古今的实用观；而且通过吸取西方文化精华为我所用，形成沟通中西文化的务实态度。魏源在《海国图志·叙》中提供的"师夷长技以制夷"便是此种态度的清晰概括，虽然具有较强的文化功利性，但也实实在在地体现了魏源主动向西方学习的文化参与态度，并且对后世知识分子的文化参与观影响深刻。无数事实证明，一旦对话者在文化对话中有了积极的态度，这种态度就会像某种观念一样，驱使

---

① 　马勇. 儒家兴衰史 [M]. 广州：广东人民出版社，1996.

并引导对话者不断地寻找一切机会，做出一切努力，去参与对话。近代从魏源以来的中国知识分子就始终在中西对话中寻找机会，采取主动的积极的态度。更何况，面对文化对话的必然现实，逃避不是办法，而且在文化上必须科学地回答和解决"中国向何处去"的问题。所以，魏源之后，不管是地主阶级改良派代表曾国藩，还是资产阶级改良派代表康有为，抑或是革命民主主义代表鲁迅，都抱着"经世致用"的主动的积极的文化参与观。

二、"变古""师夷长技"观念与异质文化整合方式

如果说"经世致用"论侧重魏源思想中的治学态度，那么"变古"与"师夷长技"则侧重魏源思想中的治学方法，同时也是魏源思想中最有价值的部分。魏源的"经世致用"论虽然是对顾炎武等人原有观念的继承，但是已经有了从"好古敏求"到"变古"的飞跃。当然，这其中离不开西方异质文化参与对话的影响。魏源明确地反对"好古敏求"路线下脱离实际的琐碎的"汉学"，他认为"后世之事"必"胜于三代"，而且"变古愈尽，便民愈甚"①。所以面对清王朝内忧外患，国势日衰的现实，他主张改革弊政，在盐政、水利、吏治等方面提出改革建议。在主张变古的同时，魏源提出"师夷长技以制夷"的思想。他认为"欲制夷患，必筹夷情""不善师外夷者，外夷制之"②，一方面提出要抵御外辱必须要学习西方先进的坚船利炮和养兵之法，另一方面也暗示了清王朝挨打的原因正在于闭关自守不师外夷。总之，在中西政治、经济、军事的冲突和文化的碰撞中，他主张"变古"与"师夷长技"相结合，也就是说学习西方要同改革内政相结合，反对脱离实际。从而通过内修政法和外御夷敌达到富国强兵的目的。

"变古"与"师夷长技"结合，在哲学维度上，体现的是"内因"与"外因"相结合以实现事物发展的方法。如果在文化

---

①② 魏源. 魏源集 [M]. 北京：中华书局，1976：467、479、481.

对话的视野中来考察这两者的结合，则表现为对话者在中西文化对话中，通过变革的文化"自我"与选择性的文化"他者"相结合以实现文化的共同繁荣。因为通过对话实现异质文化的整合，不是单纯的"一厢情愿"所能达到的，而是对话双方在互动的过程中，通过对话者对自身文化的调整和对外来文化的选择才能够实现的。从而，"变古"与"师夷长技"论，启发着中国近现代知识分子，在文化对话的语境中，采取有效的双向互动调适的文化整合方式。而且，任何两种或几种文化的对话过程都经历了接触、模仿、过滤与阐释及最终实现文化整合创造出新的文化模式的过程。在这个过程中，一方面要适当地调整本土文化，创造适合外来文化生存的本土化语境；另一方面，要选择改造加工外来优秀文化，并与本土文化相整合，以实现文化的发展。比如在中国比较文学学者的学术路线的变迁和推进中，不管是早期王国维从接受叔本华到回归"境界说"，中期鲁迅从接受进化论和尼采学说并检验之到选择唯物辩证法，还是后期钱锺书从会通中西到写成《管锥编》到实现超越，在这个"接受-回归""检验-选择""会通-超越"①的过程中，无不反映和体现调整自身文化和选择外来文化相结合的文化互动整合方式，这种文化整合方式无不受到魏源"变古"与"师夷长技"论的启发和影响。

三、"势变道不变"的改良论与自我文化身份认识

魏源认识到历史变化是必然的，他说："气化无一息不变者也，其不变者道而已，势则日变而不可复者也。执古以绳今，是为诬今，执今以律古，是为诬古。诬今不可以不治，诬古不可以语学。"他在强调"日变"之"势"时，却又承认有"不变"之"道"；他又强调"乾尊坤卑，天地定位……是以君令臣必恭，父

---

① 杨义，陈圣生. 中国比较文学批评史纲 [M]. 福州：福建教育出版社，2002：427.

命子必宗，夫唱妇必从"，把封建之纲说成永恒不变之"道"。①

魏源的"势变道不变"观点，一方面体现了他站在地主阶级立场的改良主义局限性。由于魏源身为地主阶级改良派，其思想只能是基于封建地主阶级立场的改良观，而不改变封建主义的根本制度。同时，也由于历史发展和逻辑认识的必然性，其思想中的反抗意识和学习意识只停留在表面的军事方面，妄图通过发展军事力御外辱以保全封建主义制度，这也是中西文化对话初期中国知识分子文化自恋性的自然体现。另一方面，"势变道不变"的观点也是魏源所坚持的文化自尊心和自信心的表现。后人通过对魏源"势变道不变"观点的继承和批判，重新提出了中国古代文化中长期争论不休的"道"与"器"，"道"与"势"的关系问题，并且，在近现代中西文化对话愈深的语境中，"道"与"势"之争促进了中国知识分子对"中国本位化"和"全盘西化"这一问题的争论，这为中西文化对话中的自我文化身份认识提供了理论基础和思想条件。

在中西文化对话中，如何认识自我文化身份很重要。如果一味地站在保守阶级立场，固守着本国之"道"，那么很容易陷入文化孤立主义泥淖，从而丧失了向外来优秀文化学习的机会；如果一味地屈从文化日变之"势"，则易于误入文化全盘西化的歧途，从而丧失了文化"自我"，并表现为"文化虚无主义"。中国近现代关于"势"与"道"之争几乎没有停止过，不论是从曾国藩的"中学为体，西学为用"论到国民党御用教授陶希圣的"中国本位文化"论，还是从谭嗣同的"三纲批判"论到胡适的"全盘西化论"，都是围绕如何认识中西文化对话中的自我文化身份而展开的。

在文化全球化的今天，要认识自我文化身份，我们当然不能固守魏源的"势变道不变"论，根据毛泽东"能动的革命的反映论"，中国当代的"新文化，是在观念形态上反映新政治和新经

①　魏源. 魏源全集·古微堂诗集 [M]. 长沙：岳麓书社，2004：489.

济的东西，是替新政治经济服务的"①，根据文化利用是"把世界各种文化作为人类共有的资源，不管其中种种文化之间的差异如何，在这种总体文化背景之下，各种文化对之加以利用，以发展自身文化"②。我们学习西方文化也是为了发展自身文化。也就是说，一方面，新时代的新文化要反映新政治和新经济并为之服务；另一方面，学习外来文化是为了发展自身文化。当然，我们可以想象："未来的世界或许既不是文化霸权主义者自以为是的一体化世界，也非文化孤立主义者力图实现的诸文化各自为政，互不相干的世界，而是一个独特性与互补性共存、差异性与沟通性共存的多元化世界，一个'道并行，不相悖'的和而不同的世界。"③

所以，基于上述文化利用目的和未来文化的发展方向，作为文化自我，一方面，要保持文化自我的独特性和差异性；另一方面，要根据文化互补性特征，坚持文化自我与文化他者沟通，对外来文化实行有效的文化过滤。

魏源是我国近代不论在政治思想、经济思想和军事思想上，还是在哲学观、历史观上，都卓有建树的思想家。当我们从文化视角把他的有关思想置入中西对话的文化语境中来考察时，就能够发现魏源思想中新的闪光点。尽管魏源自身存在阶级局限性，其思想只能是基于封建地主阶级立场的改良观；同时，也由于历史发展和逻辑认识的必然性，其思想中的反抗意识和学习意识只停留在表面的军事上。但是，他的"经世致用""变古""师夷长技"以及"势变道不变"等思想观念，在具有深刻历史意义的历史转折关头，特别是在前所未有的文化转折时期，一方面继承并发展了传统的文化观，有着传承作用；另一方面，在新的时代又具有新的原则指导意义：促进和启发了中国知识分子在文化对

①③ 姚武. 论魏源思想在中西文化对话中的文化意义 [M]. 邵阳学院学报 (社会科学版)，2005 (1).

② 杨乃乔. 比较文学概论 [M]. 北京：北京大学出版社，2002.

话中对关于"文化对话参与观""异质文化整合方式""自我文化身份认识"等问题有了更加深刻的探讨和认识。① 这些正是魏源思想在中西文化对话语境中的文化意义所在，当然，这也是魏源异域题材诗文承载的价值所在。

---

① 姚武. 论魏源思想在中西文化对话中的文化意义 [M]. 邵阳学院学报（社会科学版），2005（1）.

结　语

　　形象学研究的目标并不是帮我们鉴别真伪，而是研究这类形象是"怎样被制作出来，又是怎样生存"，这不仅对"他者"有着认识意义，对主体自我的认识也具有批判性，认识"他者"以更好地反观"自我"，促进自我文化的发展。本书主要联系中国文学中"他者"形象的发展历史，结合"华夷之辨"的近代嬗变及鸦片战争前后"他者"形象的转型和发展变化，通过对魏源诗文中"夷"的套话的解读和分析，探索魏源诗文中"他者"意识和独特文化品格，并揭示魏源诗文研究的时代价值及深远影响。

　　鸦片战争以前，历代文学或文化典籍中的"他者"，即所谓的"东夷西戎南蛮北狄"，从总体上说，其文化实力都弱于中原，即便是曾经以武力"征服"中原（如蒙古族和满族），但最终不得不被中原文化的强力所同化，从而实际上成为中原文化的皈依者。鸦片战争之后，随着西方"他者"的强势出场和"华夷秩序"的崩溃，当"大自我"急剧坠落为"小自我"时，作为中国文化主体的人文知识分子不可避免地陷入对"他者"文化的焦虑，在保持文化自尊心的同时不断地进行文学探索和文化选择。在文学作品中，对异族异国形象可以用"夷"的套话来概括，魏源诗文中的"夷"不同于鸦片战争之前"蛮夷四族"中的"夷"，随着西方文化的强势出场，"夷"的套话，其内涵由以中国传统文化中的"异族"为主转型为以西方"异国"为主。魏源在诗文中呈现了一系列的"异国"形象，并提出"师夷长技以制夷"的主张，以强烈的文化担当意识进行艰难而卓越的文学和文化探索。近代中国，由于华夏文明的失落，传统"华夷之辨"发

191

生深刻嬗变。在魏源诗文中，魏源以"夷"的套话，引入世界理念，动摇"华夷之辨"的文化根基；并且提出"师夷长技以制夷"的主张，挑战"天朝上国"观念；从"番鬼蛮夷"到"文明师长"，客观上促进了中国近代文学和文化中"他者"形象的转型。魏源诗文中以"夷"的套话囊括了众多的"他者"形象，提出"师夷"主张，是湖南人在近代第一次明确提出"向西方学习"的口号。这些观念，不仅在思维方法上拓展了近代湖湘学人的"变易"视野，而且在哲理上为湖湘文化的内外求索精神提供了理论支撑，更促进了湖湘文化在近代实践中不断走向创新。通过解读魏源诗文中的"自我"形象和"夷"的套语内涵，可以看出，魏源既是传统湘学的优秀继承者，又是近代湘学转型和发展的先驱者，在学术视野、精神特质、价值取向和治学方法等方面引领近代湘学转型和发展，促进中国近代化的开启，引导和激励近代湘学人物为中国近代化突围做出杰出贡献并成就湘学辉煌。魏源作为近现代文化的启蒙者和先驱，站在时代的最前沿，以"夷"的套话反思"华夷秩序"，反省文化"自我"。这不仅牵涉文学转型、思想文化变革等重要问题，而且涉及文化自信、文化重建、"自我"与"他者"互动与转化等问题，还对当代文化交流与对话具有重要的启示与借鉴意义。

参考文献

[1] 魏源. 魏源全集 [M]. 长沙：岳麓书社，2004.

[2] 魏源. 魏源集 [M]. 北京：中华书局，1976.

[3] 魏源. 海国图志 [M]. 郑州：中州古籍出版社，1999.

[4] [法] 巴柔. 比较文学概论 [M]. 巴黎：巴黎第三大学出版社，1989.

[5] 孟华. 比较文学形象学 [M]. 北京：北京大学出版社，2001.

[6] 李瑚. 魏源研究（增订版）[M]. 北京：朝华出版社，2008.

[7] 李汉武. 魏源传 [M]. 长沙：湖南大学出版社，1988.

[8] 彭大成，等. 魏源与西学东渐——中国走向近代化的艰难历程 [M]. 长沙：湖南师范大学出版社，2005.

[9] 梁启超. 饮冰室合集·中国近三百年学术史 [M]. 北京：中华书局，1989.

[10] 梁启超. 清代学术概论 [M]. 北京：人民出版社，2008.

[11] 陶东风. 文化研究：西方与中国 [M]. 北京：北京师范大学出版社，2001.

[12] 曾乐山. 中西文化与哲学争论史 [M]. 上海：华东师范大学出版，1987.

[13] 李泽厚. 中国近代思想史 [M]. 上海：生活、读书、新知三联书店，2008.

[14] 冯友兰. 中国哲学简史 [M]. 北京：北京大学出版社，2012.

[15] 许倬云. 我者与他者——中国历史上的内外分际 [M]. 上

193

海：生活、读书、新知三联书店，2011.

[16] 杨积庆. 魏源诗文选 [M]. 上海：华东师范大学出版社，1990.

[17] 郭延礼. 20 世纪中国近代文学研究学术史 [M]. 南昌：江西高校出版社，2004.

[18] 章亚昕. 近代文学观念流变 [M]. 北京：北京大学出版社，2001.

[19] 彭大成，等. 魏源与西学东渐——中国走向近代化的艰难历程 [M]. 长沙：湖南师范大学出版社，2005.

[20] 孙海洋. 湖南近代文学 [M]. 北京：东方出版社，2005.

[21] 钱基博. 近百年湖南学风 [M]. 长沙：岳麓书社，2016.

[22] 陈子展. 中国近代文学之变迁 [M]. 上海：上海书店，1982.

[23] 周发祥，等. 中外文学交流史 [M]. 长沙：湖南教育出版社，1999.

[24] 王介南. 中外文化交流史 [M]. 北京：人民出版社，2001.

[25] 杨国桢. 林则徐传 [M]. 北京：人民出版社，2004.

[26] 夏剑钦. 魏源传 [M]. 长沙：岳麓书社，2006.

[27] 徐葆耕. 西方文学：心灵的历史 [M]. 北京：清华大学出版社，2003.

[28] 龚自珍. 龚自珍全集·己亥杂诗 [M]. 上海：上海古籍出版社，1999.

[29] 胡绳. 从鸦片战争到五四运动 [M]. 上海：华东师范大学出版社，2014.

[30] 李柏荣. 魏源师友记 [M]. 长沙：岳麓书社，2004.

[31] 杨乃乔. 比较文学概论 [M]. 北京：北京大学出版社，2002.

[32] 郭延礼. 中国近代文学发展史 [M]. 北京：高等教育出版社，2001.

[33] 马勇. 儒家兴衰史 [M]. 广州：广东人民出版社，1996.

[34] 杨晓林.从"夷"到"他者"——中国文学中"异"的形象学分析 [D].广西师范大学,2002.4.

[35] 房芳.平民世界的人性书写 [D].山东大学,2011.

[36] 李伟.论《诗经》所反映的夷夏观念 [D].内蒙古大学,2010.

[37] 张志彪.中国文学中的日本形象研究 [D].兰州大学,2007.

[38] 李国帅.近现代三国学研究 [D].山东师范大学,2010.

[39] 张莉."沉默"的言说 [D].中央民族大学,2011.

[40] 刘勇.十九世纪五六十年代《海国图志》在日本的传播和影响研究 [D].重庆大学,2011.

[41] 熊吕茂,等.论魏源的文化思想 [J].邵阳学院学报,2007(2).

[42] 郑强胜.从中国近代文化发展历程看魏源精神 [J].求索,1995(5).

[43] 韩星.华夷之辨及其近代转型 [J].东方论坛,2014(5).

[44] 张弘.20世纪80年代以来魏源"师夷长技以制夷"思想探究 [J].牡丹江师范学院学报(哲社版),2009(5).

[45] 贺昌盛,等.被塑造的"他者"——近代中国的美国形象 [J].厦门大学学报(哲社版),2008(2).

[46] 周向阳.论魏源对世界的认识 [J].船山学刊,2001(2).

[47] 管林.论魏源的文学思想 [J].社会科学辑刊,1987(6).

[48] 霍有明.魏源文学主张及诗歌创作刍议 [J].陕西师范大学学报,2001(4).

[49] 陆草.近代诗文研究的百年回顾 [J].中州学刊,2007(6).

[50] 关爱和,等.论中国文学的近代转型 [J].文艺研究,2013(11).

[51] 钟贤培.论中国近代文学思想的演变及其流向 [J].山东社会科学,2000(1).

[52] 郭延礼.在中西文化交汇中的中国近代文学理论 [J].东岳

论丛，1999（1）.

[53] 武道房. 魏源今文经学影响下的古文新变及其历史意义
[J]. 文学评论，2018（5）.

[54] 郭延礼. 中国近代文学的历史地位 [J]. 文史哲，2011（3）.

[55] 王飚. 魏源经世文论对传统文学原则的改造 [J]. 文学与文
化，2014（2）.

[56] 陈煜. 从"古微"到"师夷"——魏源的思想转型与近代
思潮的开端 [J]. 扬州大学学报（哲社版），2016（9）.

[57] 陈连山. 《山海经》对异族的想象与自我认识 [J]. 北京大
学学报（哲学社会科学版），2012（1）.

[58] 成龙. 全面创新：建设现代化世界强国的根本逻辑 [J]. 中
州学刊，2019（05）.

[59] 刘伟，张梦飞. "华夷之辨"在清代的递嬗 [J]. 社科与经
济信息，2002（06）.

[60] 张鸿雁，傅兆君. 论传统夷夏观的演变及其对近代社会民
族观的影响 [J]. 民族研究，1993（2）.

[61] 蒋英豪. 魏源及其作品中的新世界 [J]. 文学遗产，1996（7）.

[62] 路佳凡. "以夷款夷"考释 [J]. 长江师范学院学报，2018
（2）.

[63] 邓繁荣，钟帆. 国内外形象学研究的现状分析 [J]. 西南民
族大学学报（人文社会科学版），2012（9）.

[64] 王继平. 近代中西文化的交流与整合 [J]. 云梦学刊，2003
（1）.

[65] 严亚明. "师夷长技"与魏源的民族意识 [J]. 思茅师范高
等专科学校学报，2001（1）.

[66] ［日］滕间生大. 世界史上的魏源 [J]. 云梦学刊，1994
（12）.

[67] 张琪. 论多丽丝·莱辛的殖民地他者书写 [J]. 湖南科技大
学学报（社会科学版），2017（4）.

[68] 方维规. "夷""洋""西""外"及其相关概念——论19

世纪汉语涉外词汇和概念的演变 [J]. 北京师范大学学报（社会科学版），2013（4）.

[69] 赵鸣歧. 从《海国图志》看魏源的中西文化观 [J]. 上海财经大学学报，1999（2）.

[70] 焦会琦，雷桂贤. 论鸦片战争前后中国传统观念的变迁 [J]. 中天学刊，2010.

[71] 中国近代史编写组. 中国近代史 [M]. 北京：中华书局，1983.

[72] 张琪. 鸦片战争对中国社会的影响 [J]. 西安联合大学学报，2003（4）.

[73] 沈桂登. 鸦片战争对中国传统观念的影响 [J]. 安徽文学（下半月），2016（11）.

[74] 赵书刚. 鸦片战争时期魏源资政的睿智与尴尬 [J]. 江苏师范大学学报，2013（2）.

[75] 陈晶. 北美华裔女性文学研究的现实关怀 [J]. 北方论丛，2012（7）.

[76] 刘泱泱，廖运兰. 试论魏源诗文中的爱国思想 [J]. 民国档案，1997（2）.

[77] 许晖，言民. 诗论魏源政治诗的人民性——为纪念魏源二百周年诞辰而作 [J]. 中国文学研究，1994.

[78] 吴光俊. 魏源师夷思想与中国近代化 [J]. 黔东南民族师范高等学校学报，2005（3）.

[79] 吴仰湘. 晚清湘学述略 [N]. 光明日报，2004-1-20（第7版）.

[80] 姚武，向芷君. "夷"的套话与魏源的文化担当意识 [J]. 邵阳学院学报（社会科学版），2019（3）.

[81] 姚武. 魏源与湘学演进：中国近代化的开启与突围 [J]. 湖南科技大学学报（社会科学版），2016（03）.

[82] 姚武. 魏源的异域题材诗歌及其近代化特征探析 [J]. 老区建设，2019（14）.

[83] 姚武. 魏源与"华夷之辨"的近代嬗变 [J]. 邵阳学院学

报（社会科学版），2015（6）.

[84] 姚武. 论魏源思想在中西文化对话中的文化意义 [J]. 邵阳
学院学报，2005（1）.

[85] 姚武，易能武. 论魏源思想中跨文化理念的成因及其价值
[J]. 邵阳学院学报（社会科学版），2010（3）.

后 记

在中国近代文学史上，魏源与龚自珍齐名，并称为"龚魏"，都是中国近代文学的先驱。也许是魏源作为近代启蒙思想家的光辉掩盖了他的文学功绩，也许是后来的学者对魏源的文学研究不够，其文学功绩一直没有被重视。魏源的诗文，特别是他的政论诗文及异域题材诗文，借古讽今，内外求索，具有鲜明的哲理品格及广阔的文化视野，乃至于在当代，仍然具有较强的影响力。

本人从 2005 年开始关注魏源研究，在长期的思考与探索中，我发现魏源的思想研究已经比较成熟，然而关于魏源的文学研究还只是停留在作品主题、题材、语言等个案分析，留有较大的发掘空间。我读硕士学的是比较文学与世界文学专业，于是我就运用比较文学形象学相关理论从文化交流与文化转型视角来探析魏源的诗文品格，总算可以对魏源诗文研究有一些自己的看法。非常幸运的是 2017 年申报成功教育部人文社科规划一般课题。近三年来，我围绕课题发表了《〈海国图志〉中"夷"的套话与近代裂变》《"夷"的套话与魏源的文化担当意识》《魏源的异域题材诗歌及其近代化特征探析》等文章。

该书第一章第三节、第二章第一节由朱耀龙老师编写，朱耀龙老师还参与了本书稿的修改与校对。这一路走来，感觉到做学术研究的艰辛与不易，有幸得到领导、同事及家人的鼓励与支持，课题的结题书稿得以完成，总算对自己十几年的坚持有个交代。感谢华玉明、龙钢华、曾方荣、钱毅等领导与同事的帮助，感谢家人的理解，感谢长江文艺出版社的尹志勇社长、李婉莹老师的支持。

"文章千古事，得失寸心知"，关于魏源的诗文研究，应该还有较大的探究空间，拙著只是抛砖引玉，敬请批评指正。

姚武
2020 年 5 月 18 日